ATTIRER LA CHANCE ET LE SUCCÈS

Note de l'éditeur

Attention, jouer peut comporter des risques : endettement, dépendance... Adoptez une conduite responsable.

Direction Hachette Pratique : Catherine Saunier-Talec
Responsable d'édition : Lisa Grall
Responsable de projet : Séverine Corson-Schneider
Responsable artistique : Cécilia Rehbinder
Édition, conception graphique, mise en pages : ZS studio
Illustrations : **Vecteezy.com :** p. 4, 49, 61, 67, 77, 79, 84, 91 (bas), 99, 114 (haut), 120, 133 – **Freepik/rawpixel :** p. 12, 18, 42, 52, 62, 68, 72, 78, 128, 134 - **DR :** p. 13, 19, 53, 73, 76 – **iStock :** ©oixxo p. 43 ; ©Tribalium p. 63 ; ©Turnervisual p. 69 ; ©samposnick p. 101, 102, 103, 104, 105, 106, 107, 108, 109, 110, 111, 112, 113 ; ©Iryna Klymenko p. 114 (bas) ; ©NSA Digital Archive p. 116, 117, 118, 119 ; ©saemilee p. 129 ; ©Elysart p. 135 ; ©Anna Serykh p. 138 (haut, gauche) ; ©paseven p. 138 (haut, droite), 138 (bas, gauche), 138 (bas, droite) ; – **© Nicolas Galkowski :** 86, 87, 88, 89, 90, 91 (haut).
Fabrication : Anne-Laure Soyez
Responsable partenariats : Dana Lichiardopol – dlichiardopol@hachette-livre.fr

Dépôt légal : mars 2022
ISBN : 978-2-01-716901-7
82-8554-4
Achevé d'imprimer en février 2022 en Espagne

Pour l'éditeur, le principe est d'utiliser des papiers composés de fibres naturelles, renouvelables, recyclables et fabriqués à partir de bois issus de forêts qui adoptent un système d'aménagement durable.
En outre, l'éditeur attend de ses fournisseurs de papier qu'ils s'inscrivent dans une démarche de certification environnementale reconnue.

PAPIER À BASE DE FIBRES CERTIFIÉES

hachette PRATIQUE s'engage pour l'environnement en réduisant l'empreinte carbone de ses livres. Celle de cet exemplaire est de :
750 g éq. CO_2
Rendez-vous sur www.hachette-durable.fr

Jean-Didier

ATTIRER LA CHANCE ET LE SUCCÈS

Des révélations qui peuvent changer votre vie

Le lotus & l'éléphant

« La chance
ne sourit qu'aux esprits
bien préparés. »

Louis Pasteur

Sommaire

Préface

Voici la préface que j'ai voulue pour ce livre si particulier sur la chance qui deviendra très vite pour vous comme un porte-bonheur. En trente ans de carrière comme médium, magnétiseur et expert du paranormal, je me suis fait quelques amis dans la profession. Je dis bien « quelques », car cette profession n'est pas une profession comme les autres et il n'est pas facile de s'y faire des amis. En effet, il est très rare de pouvoir se constituer un cercle d'amis car la concurrence est rude et les ego des uns et des autres souvent surdimensionnés par rapport aux pouvoirs qu'ils détiennent.

Alors, à ces quelques amis, j'ai parlé de ce livre en leur demandant de bien vouloir participer à la préface tout en donnant leur définition de la chance, et surtout leur façon de la déclencher. Rien de tel que l'avis de professionnels des arts divinatoires et de la médiumnité pour démarrer un livre sur la chance. Vous allez donc, dans les lignes qui suivent, pouvoir lire la définition de la chance selon quatre professionnels des arts divinatoires.

C'est d'abord **Romain Magra**, médium reconnu pour ses qualités professionnelles et créateur du jeu de l'*Oracle du Verseau*, avec qui j'échange sur le monde de la voyance depuis une quinzaine d'années, qui s'exprime :

« J'ai plutôt une conception terre à terre de cette question. Pour moi, la chance sourit aux audacieux et aux esprits bien préparés. Cela suppose dans un premier temps d'entamer une phase de préparation en accumulant de l'information et en s'initiant à différentes techniques pour déclencher la chance. Il y a pour moi également un travail sur soi à réaliser quitte à se former et à acquérir de nouvelles connaissances.
Il faut également que vous soyez clair par rapport à ce que vous voulez obtenir. Souvent, une soif d'échanger pour s'ouvrir au monde est ce qui va apporter les opportunités. Ensuite, vous devez adopter une vision positive en vous focalisant sur les solutions plutôt que sur les problèmes. Il faut également croire que tout est possible et surtout que vous cerniez bien l'environnement dans lequel vous évoluez. Vous devez également saisir les occasions car vous serez alors capable d'identifier plus précisément ce qui

peut fonctionner ou non pour vous. Vous maximiserez ainsi vos chances de réussir et d'atteindre les objectifs fixés.
Je pense aussi qu'il faut avant tout se connaître et agir massivement en acceptant parfois quelques échecs temporaires, qui ne sont que des étapes vers la finalité. Pour moi, tout part d'une vision claire ; avec de la persévérance, la chance se provoque. Pour certains, il suffit de croire que l'on a de la chance pour que cela marche. Pour d'autres, cela passera par le fait de posséder un porte-bonheur, un gri-gri, une pierre ou un talisman aux pouvoirs mystérieux, ou de questionner les astres.
Je pense que cela permet aux gens de se rassurer vis-à-vis de l'inconnu en liant ainsi les événements à des forces extérieures. Je conçois que cela peut paraître assez étonnant venant d'un médium, mais selon mon expérience la chance peut jouer et favoriser la concrétisation de certains événements.
Il n'y a pas de secret, rien ne remplace un désir ardent de réussir. Il faut savoir se relever encore et encore face à l'adversité, c'est comme cela qu'on gagne et c'est parce que ce n'est pas facile qu'il faut un livre comme celui de Jean-Didier pour aider la chance à nous sourire. »

De son côté, **Nicola Bruno**, médium sur Radiostar, et à l'initiative de la création de plusieurs sites importants dans le domaine de la voyance, nous donne son avis sur le sujet :

« La chance vient à nous lorsque notre état vibratoire s'élève consciemment. Elle se connecte et fait surgir autour de nous des situations très souvent inattendues, qui nous font ressentir un plaisir parfois immense ! En y regardant de plus près, nous sommes souvent en connexion avec elle et parfois nous tentons également de la provoquer. L'amour universel est un de ses carburants subtils qui permettent d'entretenir l'amour dans nos vies. C'est aussi une façon de nourrir notre lien avec la chance.
Pour que la chance se manifeste, de mon côté, je lui laisse le champ libre. Mon esprit reste libre, je vis en unité avec elle. Je sais que ce que je traverse est juste pour moi, je situe la chance comme un état intérieur à faire résonner. Je me lie à elle intimement et je lui laisse la possibilité de me surprendre tous les jours.
La chance s'active également dans le lien que nous créons avec la nature, comme avec les pierres ou les plantes, les encens, etc. Tout est question de vibrations : si le taux vibratoire est élevé, on atteint un niveau de conscience différent. À partir de ce moment, certaines portes s'ouvrent pour faciliter la

matérialisation. On est alors, sur un axe très subtil, une dimension bien plus riche et plus vaste que celle que nous vivons ordinairement tous les jours.
Comme dernier exemple, je pense à la force de la prière, ses vibrations sont à haute fréquence. Les prières ont pour moi une place maîtresse et j'ai compris avec le temps que prier faisait résonner en nous cette corde mystique et un pouvoir de réalisation. C'est pourquoi j'aime le livre de Jean-Didier et, entre autres, les prières qui s'y trouvent. »

Sophie Vitali, médium, est à l'initiative de la création du site Infinità Corse Voyance et du magazine du même nom. Voici son avis sur la chance :

« Certains vous diront que la chance est innée ou que celle-ci se provoque, et d'autres vous diront qu'ils n'en ont jamais eu. La chance et le succès font partie des ambitions de l'humain, ceux-ci peuvent être un idéal de vie sentimental ou professionnel, ou un objectif à atteindre.
Pour avoir plus de chance ou faire appel à la réussite, nous pouvons demander de l'aide à nos guides, à la terre et surtout à nous-mêmes. Selon moi, pour attirer la chance, il est impératif de se créer des pensées positives ! En vous fixant des objectifs à atteindre, la chance et le succès seront au rendez-vous ! Il vous suffit de rayonner et de ne voir que le positif dans votre évolution. Si vous regardez votre passé et que celui-ci vous paraît un peu sombre, n'oubliez jamais qu'il a fait de vous la personne que vous êtes aujourd'hui.
En effet, ces épreuves vous ont permis de faire des choix, d'apprendre à connaître vos propres limites et à les dépasser. La clé de la réussite passe aussi par l'acceptation, le pardon et votre capacité à rendre positifs des événements jusqu'alors pas très bons.
Si vous souhaitez avoir plus de chance sur le plan professionnel ou sentimental et que votre parcours vous semble avoir été chaotique, gardez toujours à l'esprit que vos formations, vos rencontres ou vos échecs étaient essentiels pour vous préparer à votre destinée ! Rien n'arrive par hasard.
La confiance en soi et le lâcher-prise me paraissent également nécessaires ;il vous faut accepter les opportunités et les cadeaux que la vie met sur votre chemin. Vous êtes un être extraordinaire et vous méritez ce qu'il y a de mieux ! La chance est partout pour qui sait l'apprivoiser et l'attraper quand elle se présente, et, pour l'apprivoiser, rien de tel que le livre de Jean-Didier. »

Pour finir, c'est **Stanislas Delorme**, médium, astrologue créateur du site Guide de la voyance, qui intervient également depuis des années sur IDF1 (ID Voyance), qui nous donne sa définition bien à lui de la chance :

« La chance n'est pas que le fruit du hasard. Lorsque vous décidez de provoquer la chance, vous devez dans un premier temps préciser vos souhaits : trouver un nouvel emploi ? rencontrer l'amour de votre vie ? gagner plus d'argent ? acquérir un bien immobilier ? Vous devez définir de façon précise vers quel objectif vous voulez aller.
Vous devez également vous fixer des objectifs avec un délai à ne pas dépasser. Cela vous permettra d'avoir des repères pour vous rendre compte plus facilement de l'avancement de vos souhaits. Il faut également savoir que la chance est une compétence acquise à force de travail : vous devez donc être déterminé et ne jamais lâcher prise.
Les chanceux partagent quatre spécificités : les personnes chanceuses savent repérer les occasions favorables, elles font confiance à leur intuition, elles s'attendent à avoir de la chance et elles voient du positif partout, même dans le négatif. Elles provoquent pratiquement tout le temps la chance puisqu'elles sont plus ouvertes que les autres. Par ailleurs, si vous croyez en votre chance, vous remarquerez plein de petites choses positives que vous pourrez qualifier de coups de chance. Ces dernières passent d'ailleurs souvent totalement inaperçues si vous n'y prêtez pas attention. Ainsi, je vous conseille de rester attentif à ce qui se passe autour de vous. Cela vous permettra d'ouvrir tous les champs des possibilités.
Auparavant, dans de nombreuses civilisations, pour attirer la chance, on conjurait le mauvais sort. Aujourd'hui, les talismans jouent toujours le même rôle puisqu'ils viennent apaiser les angoisses et chasser le négatif. Si vous croyez à l'efficacité du talisman que vous avez choisi avec soin, que vous avez programmé et que vous respectez comme tel, alors, il vous portera chance car il vous mettra dans les conditions favorables pour la déclencher ! C'est d'ailleurs totalement ce que vous apprendra le livre de Jean-Didier. »

Introduction

Vous venez de le lire dans la préface, à travers les témoignages de différents professionnels des arts divinatoires et du paranormal : la chance se cultive. On la déclenche et surtout on la provoque en utilisant son intuition.

Soyons francs, qui n'a pas un jour rêvé de maîtriser la chance pour agir sur la signature d'un contrat, pour provoquer une rencontre ou bien encore pour gagner le gros lot ? Tout le monde rêve de chance – et d'un avenir meilleur –, mais souvent on ne sait pas comment s'y prendre pour la déclencher ou pour l'attraper au vol.

Ce livre va vous aider à y voir plus clair. Il va vous permettre, à travers des rituels, des prières, des arts divinatoires, de mieux l'apprivoiser. Mais attention : si les outils pour arriver à vos fins sont une chose, la croyance que vous allez mettre dans l'application de ces actions en est une autre.

En effet, vous ne devez pas considérer ce livre comme un fourre-tout d'outils représentant des jeux de société à faire après une bonne soirée bien arrosée. Vous devez croire en ce que vous allez mettre en œuvre pour déclencher la chance. Vous devez vous impliquer au maximum dans le processus de recherche de la chance. C'est seulement de cette façon que vous pourrez en tirer un résultat positif.

Attention également à deux choses. Premièrement, vous ne devez absolument pas baisser les bras si, en interrogeant les arts divinatoires, vous n'obtenez pas la réponse que vous souhaitez, ou si un rituel ou une prière ne fonctionnent pas du premier coup. N'oubliez jamais que le lion, le roi des animaux, échoue sept fois sur dix avant de réussir à capturer sa proie. Pourtant, c'est bien le roi des animaux. Deuxièmement, considérez ce livre comme un outil magique de réalisation de tous vos vœux de chance, comme un véritable porte-bonheur.

C'est seulement à ces conditions que la chance finira par vous sourire.

Mais ce n'est pas tout. Pour mettre toutes les chances de votre côté, vous devez tout d'abord être en bonne santé pour que l'énergie circule correctement, sans rencontrer d'obstacle dans votre corps.

Toujours dans l'optique de mettre tous les atouts de votre côté, vous devrez également vous débarrasser de toutes les ondes négatives qui vous entourent. Pourquoi ? Tout simplement car le simple fait d'être en contact dans la journée avec d'autres personnes peut suffire pour vous parasiter et vous charger d'ondes négatives, ou en faire circuler dans votre habitation. Vous n'êtes pas sans savoir que, chaque jour, vous êtes susceptible de croiser soit au travail, soit dans votre environnement personnel ou même chez vous des gens négatifs qui vous transmettent leurs ondes sans le vouloir.

Cela représente inévitablement une barrière invisible contre la chance, car elle ne se manifeste que dans les meilleures conditions. La base d'un travail pour apprivoiser la chance commence donc obligatoirement par la libération des ondes négatives que vous et votre environnement avez accumulées.

Je vais donc dans un premier temps vous aider, avec quelques rituels, à vous débarrasser des ondes négatives qui traînent sur votre corps. Dans un second temps, nous nous attaquerons aux ondes négatives présentes dans votre habitation.

1

ATTIRER LA CHANCE ET LE SUCCÈS

SE DÉGAGER DES ONDES NÉGATIVES

LE DÉGAGEMENT PAR LE PLOMB

Vous devez commencer par acheter dans une boutique d'articles de pêche ou en grande surface une olive de plomb de 30 grammes maximum. Généralement, elles sont vendues par sachets de trois ou de quatre. Pour ce dégagement, vous n'utiliserez qu'une olive.

Pendant huit jours, tous les soirs à la même heure, vous allez prendre cette olive et la placer au creux de votre main gauche, puis vous allez fermer le poing. Ensuite, vous allez poser votre main droite sur la main gauche.

À partir de ce moment, vous allez visualiser tout ce qui vous dérange en vous, tous les tracas, tous les soucis, toutes les douleurs physiques ou morales. Vous allez imaginer que tout cela va entrer dans votre plomb, comme si vous vouliez vous libérer définitivement de l'ensemble. Vous devez sentir ou imaginer les ondes traverser vos deux mains pour se retrouver emprisonnées dans le plomb.

Sachez qu'une fois cela fait, il n'y aura plus de retour possible pour les ondes négatives. Toutes ces ondes négatives, tous ces tracas, toutes ces douleurs seront bel et bien emprisonnés définitivement dans le plomb.

Vous devez visualiser cela pendant au moins cinq bonnes minutes avec une grande intensité et une grande ferveur. Plus vous allez y croire, plus vous allez imaginer ou sentir les ondes négatives entrer dans le plomb, plus le processus sera efficace.

Renouvelez bien la visualisation sur le plomb ainsi placé entre vos mains tous les jours pendant huit jours.

Après ces huit jours, vous allez pouvoir vous libérer définitivement de tout ce qui pouvait vous déranger ainsi que de toutes les ondes négatives qui étaient en vous. Pour ce faire, il vous faudra jeter votre olive dans une poubelle. D'abord, vous allez demander à votre dieu, à votre guide ou aux forces de l'Univers, selon vos croyances, de vous dégager de vos ondes négatives définitivement, puis vous allez pouvoir jeter le plomb.

Attention, vous devez mettre tout votre cœur dans cette action. Vous devez vraiment vouloir vous débarrasser de vos ondes négatives définitivement, du fond du cœur. C'est une action libératrice, ne l'oubliez jamais.

Sachez qu'une fois cela fait, il n'y aura plus de retour possible pour les ondes négatives. Toutes ces ondes négatives, tous ces tracas, toutes ces douleurs seront bel et bien emprisonnés définitivement dans le plomb.

Une fois cette action faite, vous ne devez plus du tout douter de l'efficacité de celle-ci. Plus vous serez confiant, plus elle aura des chances de réussir. Par contre, si un mois après vous vous sentez toujours pollué par des ondes négatives, vous pouvez éventuellement répéter ce dégagement une nouvelle fois avec une autre olive.

LE GOMMAGE

Après le dégagement par le plomb, je vous propose une autre technique de dégagement des ondes négatives très utilisée par les professionnels des arts divinatoires et du magnétisme. Cette technique s'appelle le gommage des ondes négatives.

Tenez-vous debout bien droit, les pieds nus et écartés de 30 centimètres.

Imaginez maintenant que les ondes négatives que vous avez accumulées forment une seconde peau sur vous. Votre but, maintenant, est d'enlever cette seconde peau négative collée à votre corps physique.

Vous allez dans un premier temps visualiser ou imaginer cette seconde peau comme une masse noire. Puis vous allez placer vos deux mains au-dessus de votre tête en ayant le sentiment de saisir les bords de cette masse noire.

Descendez ensuite de chaque côté de votre cou, puis de vos épaules, cette seconde peau.

Vous devez avoir la sensation de faire glisser une mue. Continuez à faire descendre cette masse noire le long de votre buste pour arriver à vos hanches. À cette étape, vous devez visualiser comme une bouée noire autour de votre taille. Le haut de votre corps doit être complètement sain, il ne doit plus rester aucune trace noire de cette seconde peau sur votre corps physique.

Ensuite, il s'agira de faire descendre cette bouée le long de vos jambes pour qu'elle emporte au passage les ondes négatives incrustées sur cet endroit de votre corps. Arrivé à la pointe de vos pieds, saisissez l'ensemble de cette bouée et jetez-la au sol.

Une fois ces actions réalisées, votre corps doit être complètement débarrassé de toutes ses ondes négatives. Il ne vous reste plus qu'à bien secouer vos mains pour finir de chasser les dernières ondes négatives, puis à les rincer sous l'eau froide.

LA DOUCHE SPIRITUELLE

Après les techniques du plomb et du gommage, voici celle de la douche spirituelle. La douche du matin sert à réveiller le corps et à se mettre en train pour la journée. Certaines personnes la prennent froide, puis, quand le corps s'est habitué à la température, baissent encore la température pour se booster et se dynamiser.

Chez les adeptes de la douche du matin, très peu prennent une douche chaude, c'est vraiment le froid qui domine.

La douche du soir est réservée aux gens qui veulent décompresser après une bonne journée de travail et qui veulent se détendre. Généralement, les adeptes de la douche du soir sont des gens très zen, en quête de spiritualité. Ils prennent une douche chaude et augmentent la température petit à petit, le but étant de se relaxer le plus possible.

Il suffit de visualiser l'eau qui coule sur votre corps comme si c'était un rituel de purification. Cette eau qui va s'évacuer dans le sol va vous laver de toutes vos ondes négatives accumulées dans la journée.

Mais savez-vous que vous pouvez utiliser la douche comme un rituel magique ? En fait, il suffit de visualiser l'eau qui coule sur votre corps comme si c'était un rituel de purification. Cette eau qui va s'évacuer dans le sol va vous laver de toutes les ondes négatives accumulées dans la journée.

Il suffit de vous connecter avec l'eau qui ruisselle sur votre corps pendant la douche et de lui demander de vous nettoyer de toutes les ondes négatives. Visualisez bien cette eau en train d'emporter au passage tous les ondes négatives accrochées à votre corps. Demandez-lui de vous laver, de vous purifier et de vous débarrasser des ondes négatives qui polluent votre corps.

C'est un moyen efficace de se libérer des ondes négatives et de se sentir l'esprit sain dans un corps sain.

Ce n'est pas une obligation, mais vous pouvez renforcer cette action magique en y joignant la prière ou le vœu de votre choix. Vous pouvez demander simplement à être protégé et débarrassé des ondes négatives, ou toute autre chose. Sachez que vous avez le libre choix des mots de votre prière selon votre croyance. Si vous le voulez, vous pourrez utiliser les prières du chapitre suivant comme base de votre rituel.

2

ATTIRER LA CHANCE ET LE SUCCÈS

La prière

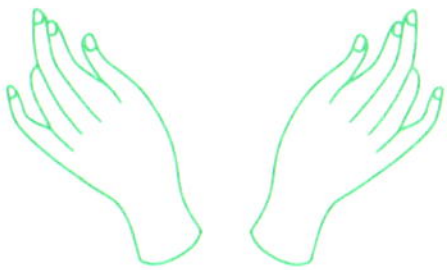

Je ne peux pas faire autrement que d'aborder la prière après avoir parlé de douche spirituelle. En effet, j'affectionne tout particulièrement les prières, car elles ont tout simplement le pouvoir de décupler l'effet des actions que l'on peut faire dans la vie de tous les jours.

Le simple fait de prier constitue un égrégore (un esprit collectif) d'ondes positives autour de vous. Il est donc indispensable d'utiliser la prière comme additif à tous vos vœux et à toutes vos demandes de réussite. N'oubliez pas que la chance se déclenche. Il faut donc souvent aller la chercher ; il est rare qu'elle vienne frapper toute seule à la porte.

Vous pouvez mettre toutes les chances de votre côté grâce à la prière, alors je vous recommande de prier avec foi et avec le cœur. Vous verrez également plus loin dans ce livre que vous devrez utiliser ces prières pour consolider l'action de vos rituels.

Je vous propose ici pour commencer quelques prières issues de la Bible, et plus principalement des psaumes de David. Nul besoin de faire des tonnes de prières ou d'en avoir un livre complet. Il suffit juste d'avoir près de soi les plus puissantes et les plus adaptées à vos demandes.

Si vous ne voulez pas utiliser ces prières, vous pouvez les remplacer par des prières issues d'autres confessions ou encore par des mantras de votre choix. Voici les psaumes de David que j'ai retenus spécialement pour vous.

PSAUME N° 37
POUR OBTENIR UNE BONNE SANTÉ

37.1
De David. Ne t'irrite pas contre les méchants,
N'envie pas ceux qui font le mal.

37.2
Car ils sont fauchés aussi vite que l'herbe,
Et ils se flétrissent comme le gazon vert.

37.3
Confie-toi en l'Éternel, et pratique le bien ;
Aie le pays pour demeure et la fidélité pour pâture.

37.4
Fais de l'Éternel tes délices,
Et il te donnera ce que ton cœur désire.

37.5
Recommande ton sort à l'Éternel,
Mets en lui ta confiance, et il agira.

37.6
Il fera paraître ta justice comme la lumière,
Et ton droit comme le soleil à son midi.

37.7
Garde le silence devant l'Éternel, et espère en lui ;
Ne t'irrite pas contre celui qui réussit dans ses voies,
Contre l'homme qui vient à bout de ses mauvais desseins.

37.8
Laisse la colère, abandonne la fureur ;
Ne t'irrite pas, ce serait mal faire.

37.9
Car les méchants seront retranchés,
Et ceux qui espèrent en l'Éternel posséderont le pays.

37.10
Encore un peu de temps, et le méchant n'est plus ;

Tu regardes le lieu où il était,
et il a disparu.

37.11
Les misérables possèdent le pays,
Et ils jouissent abondamment
de la paix.

37.12
Le méchant forme des projets
contre le juste,
Et il grince des dents contre lui.

37.13
Le Seigneur se rit du méchant,
Car il voit que son jour arrive.

37.14
Les méchants tirent le glaive,
Ils bandent leur arc,
Pour faire tomber le malheureux
et l'indigent,
Pour égorger ceux dont la voie
est droite.

37.15
Leur glaive entre dans leur
propre cœur,
Et leurs arcs se brisent.

37.16
Mieux vaut le peu du juste
Que l'abondance de beaucoup
de méchants ;

37.17
Car les bras des méchants seront brisés,
Mais l'Éternel soutient les justes.

37.18
L'Éternel connaît les jours
des hommes intègres,
Et leur héritage dure à jamais.

37.19
Ils ne sont pas confondus
au temps du malheur,
Et ils sont rassasiés aux jours
de la famine.

37.20
Mais les méchants périssent,
Et les ennemis de l'Éternel,
comme les plus beaux pâturages ;
Ils s'évanouissent, ils s'évanouissent
en fumée.

37.21
Le méchant emprunte,
et il ne rend pas ;
Le juste est compatissant,
et il donne.

37.22
Car ceux que bénit l'Éternel
possèdent le pays,
Et ceux qu'il maudit sont
retranchés.

37.23
L'Éternel affermit les pas
de l'homme,
Et il prend plaisir à sa voie ;

37.24
S'il tombe, il n'est pas terrassé,
Car l'Éternel lui prend la main.

37.25
J'ai été jeune, j'ai vieilli ;
Et je n'ai point vu le juste
abandonné,
Ni sa postérité mendiant
son pain.

37.26
Toujours il est compatissant,
et il prête ;
Et sa postérité est bénie.

37.27
Détourne-toi du mal, fais
le bien,
Et possède à jamais ta demeure.

37.28
Car l'Éternel aime la justice,
Et il n'abandonne pas ses fidèles ;
Ils sont toujours sous sa garde,
Mais la postérité des méchants
est retranchée.

37.29
Les justes posséderont le pays,
Et ils y demeureront
à jamais.

37.30
La bouche du juste annonce
la sagesse,
Et sa langue proclame la justice.

37.31
La loi de son Dieu est dans
son cœur ;
Ses pas ne chancellent point.

37.32
Le méchant épie le juste,
Et il cherche à le faire mourir.

37.33
L'Éternel ne le laisse pas entre
ses mains,
Et il ne le condamne pas quand
il est en jugement.

37.34
Espère en l'Éternel, garde sa voie,
Et il t'élèvera pour que tu possèdes
le pays ;
Tu verras les méchants retranchés.

37.35
J'ai vu le méchant dans toute
sa puissance ;
Il s'étendait comme un arbre
verdoyant.

37.36
Il a passé, et voici, il n'est plus ;
Je le cherche, et il ne se trouve
plus.

37.37
Observe celui qui est intègre,
et regarde celui qui est droit ;
Car il y a une postérité pour
l'homme de paix.

37.38
Mais les rebelles sont tous
anéantis,
La postérité des méchants est
retranchée.

37.39
Le salut des justes vient
de l'Éternel ;
Il est leur protecteur au temps
de la détresse.

37.40
L'Éternel les secourt et les délivre ;
Il les délivre des méchants et les sauve,
Parce qu'ils cherchent en lui leur
refuge.

PSAUME N° 5
CONTRE LES ENNEMIS QUI EMPÊCHENT LA RÉUSSITE

5.1
Au chef des chantres. Avec les
flûtes. Psaume de David.

5.2
Prête l'oreille à mes paroles,
ô Éternel !
Écoute mes gémissements !

5.3
Sois attentif à mes cris, mon roi
et mon Dieu !
C'est à toi que j'adresse ma prière.

5.4
Éternel ! Le matin tu entends ma voix ;
Le matin je me tourne vers toi,
et je regarde.

5.5
Car tu n'es point un Dieu
qui prenne plaisir au mal ;
Le méchant n'a pas sa demeure
auprès de toi.

5.6
Les insensés ne subsistent pas
devant tes yeux ;
Tu hais tous ceux qui commettent
l'iniquité.

5.7
Tu fais périr les menteurs ;
L'Éternel abhorre les hommes
de sang et de fraude.

5.8
Mais moi, par ta grande
miséricorde, je vais à ta maison,
Je me prosterne dans ton saint
temple avec crainte.

5.9
Éternel ! Conduis-moi dans ta
justice, à cause de mes ennemis,
Aplanis ta voie sous mes pas.

5.10
Car il n'y a point de sincérité
dans leur bouche ;
Leur cœur est rempli de malice,
Leur gosier est un sépulcre
ouvert,
Et ils ont sur la langue des paroles
flatteuses.

5.11
Frappe-les comme des coupables,
ô Dieu !
Que leurs desseins amènent
leur chute !
Précipite-les au milieu de leurs
péchés sans nombre !
Car ils se révoltent
contre toi.

5.12
Alors tous ceux qui se confient
en toi se réjouiront,
Ils auront de l'allégresse à toujours,
et tu les protégeras ;
Tu seras un sujet de joie
Pour ceux qui aiment ton nom.

5.13
Car tu bénis le juste, ô Éternel !
Tu l'entoures de ta grâce comme
d'un bouclier.

PSAUME N° 22
POUR OBTENIR LA RICHESSE ET LE SUCCÈS

22.1
Au chef des chantres. Sur
« Biche de l'aurore ». Psaume
de David.

22.2
Mon Dieu ! Mon Dieu ! Pourquoi
m'as-tu abandonné,
Et t'éloignes-tu sans me secourir,
sans écouter mes plaintes ?

22.3
Mon Dieu ! Je crie le jour,
et tu ne réponds pas ;
La nuit, et je n'ai point
de repos.

22.4
Pourtant tu es le Saint,
Tu sièges au milieu des louanges
d'Israël.

22.5
En toi se confiaient nos pères ;
Ils se confiaient, et tu les délivrais.

22.6
Ils criaient à toi, et ils étaient
sauvés ;
Ils se confiaient en toi, et ils
n'étaient point confus.

22.7
Et moi, je suis un ver et non
un homme,
L'opprobre des hommes
et le méprisé du peuple.

22.8
Tous ceux qui me voient
se moquent de moi,
Ils ouvrent la bouche, secouent
la tête :

22.9
Recommande-toi à l'Éternel !
L'Éternel le sauvera,
Il le délivrera, puisqu'il l'aime !

22.10
Oui, tu m'as fait sortir du sein
maternel,
Tu m'as mis en sûreté sur
les mamelles de ma mère ;

22.11
Dès le sein maternel j'ai été
sous ta garde,
Dès le ventre de ma mère
tu as été mon Dieu.

22.12
Ne t'éloigne pas de moi quand la
détresse est proche,
Quand personne ne vient à mon
secours !

22.13
De nombreux taureaux sont
autour de moi,
Des taureaux de Basan
m'environnent.

22.14
Ils ouvrent contre moi leur gueule,
Semblables au lion qui déchire et rugit.

22.15
Je suis comme de l'eau qui s'écoule,
Et tous mes os se séparent ;
Mon cœur est comme de la cire,
Il se fond dans mes entrailles.

22.16
Ma force se dessèche comme
l'argile,
Et ma langue s'attache à mon
palais ;
Tu me réduis à la poussière
de la mort.

22.17
Car des chiens m'environnent,
Une bande de scélérats rôdent
autour de moi,
Ils ont percé mes mains et mes
pieds.

22.18
Je pourrais compter tous mes os.
Eux, ils observent, ils me
regardent ;

22.19
Ils se partagent mes vêtements,
Ils tirent au sort ma tunique.

22.20
Et toi, Éternel, ne t'éloigne pas !
Toi qui es ma force, viens en hâte
à mon secours !

22.21
Protège mon âme contre le glaive,
Ma vie contre le pouvoir des
chiens !

22.22
Sauve-moi de la gueule du lion,
Délivre-moi des cornes du buffle !

Car il n'a ni mépris ni dédain pour les peines du misérable.

22.23
Je publierai ton nom parmi mes frères,
Je te célébrerai au milieu
de l'assemblée.

22.24
Vous qui craignez l'Éternel,
louez-le !
Vous tous, postérité de Jacob,
glorifiez-le !
Tremblez devant lui, vous tous,
postérité d'Israël !

22.25
Car il n'a ni mépris ni dédain
pour les peines du misérable,
Et il ne lui cache point sa face ;
Mais il l'écoute quand il crie à lui.

22.26
Tu seras dans la grande assemblée
l'objet de mes louanges ;
J'accomplirai mes vœux en
présence de ceux qui te craignent.

22.27
Les malheureux mangeront et se
rassasieront,
Ceux qui cherchent l'Éternel le
célébreront.
Que votre cœur vive à toujours !

22.28
Toutes les extrémités de la terre
penseront à l'Éternel
et se tourneront vers lui ;
Toutes les familles des nations
se prosterneront devant ta face.

22.29
Car à l'Éternel appartient
le règne :
Il domine sur les nations.

22.30
Tous les puissants de la terre
mangeront et se prosterneront
aussi ;
Devant lui s'inclineront tous ceux
qui descendent dans la poussière,
Ceux qui ne peuvent conserver
leur vie.

22.31
La postérité le servira ;
On parlera du Seigneur
à la génération future.

22.32
Quand elle viendra, elle annoncera
sa justice,
Elle annoncera son œuvre
au peuple nouveau-né.

PSAUME N° 69 POUR ÉVITER LA PAUVRETÉ

69.1
Au chef des chantres. Sur les lis.
De David.

69.2
Sauve-moi, ô Dieu !
Car les eaux menacent ma vie.

69.3
J'enfonce dans la boue, sans pouvoir me tenir ;
Je suis tombé dans un gouffre, et les eaux m'inondent.

69.4
Je m'épuise à crier, mon gosier se dessèche,
Mes yeux se consument, tandis que je regarde vers mon Dieu.

69.5
Ils sont plus nombreux que les cheveux de ma tête,
Ceux qui me haïssent sans cause ;
Ils sont puissants, ceux qui veulent me perdre,
Qui sont à tort mes ennemis.
Ce que je n'ai pas dérobé, il faut que je le restitue.

69.6
Ô Dieu ! Tu connais ma folie,
Et mes fautes ne te sont point cachées.

69.7
Que ceux qui espèrent en toi ne soient pas confus à cause de moi,
Seigneur, Éternel des armées !
Que ceux qui te cherchent ne soient pas dans la honte à cause de moi, Dieu d'Israël !

69.8
Car c'est pour toi que je porte l'opprobre,
Que la honte couvre mon visage ;

69.9
Je suis devenu un étranger pour mes frères,
Un inconnu pour les fils de ma mère.

69.10
Car le zèle de ta maison me dévore,
Et les outrages de ceux qui t'insultent tombent sur moi.

69.11
Je verse des larmes et je jeûne,
Et c'est ce qui m'attire l'opprobre ;

69.12
Je prends un sac pour vêtement,
Et je suis l'objet de leurs sarcasmes.

69.13
Ceux qui sont assis à la porte parlent de moi,
Et les buveurs de liqueurs fortes me mettent en chansons.

69.14
Mais je t'adresse ma prière,
ô Éternel !
Que ce soit le temps favorable,
ô Dieu, par ta grande bonté !
Réponds-moi, en m'assurant ton secours !

69.15
Retire-moi de la boue, et que je n'enfonce plus !
Que je sois délivré de mes ennemis et du gouffre !

69.16
Que les flots ne m'inondent plus,
Que l'abîme ne m'engloutisse pas,
Et que la fosse ne se ferme pas sur moi !

69.17
Exauce-moi, Éternel ! car ta bonté est immense.
Dans tes grandes compassions,
tourne vers moi les regards,

69.18
Et ne cache pas ta face à ton serviteur !
Puisque je suis dans la détresse,
hâte-toi de m'exaucer !

69.19
Approche-toi de mon âme,
délivre-la !
Sauve-moi, à cause de mes ennemis !

69.20
Tu connais mon opprobre, ma honte, mon ignominie ;
Tous mes adversaires sont devant toi.

69.21
L'opprobre me brise le cœur, et je suis malade ;
J'attends de la pitié, mais en vain,
Des consolateurs, et je n'en trouve aucun.

69.22
Ils mettent du fiel dans ma nourriture,
Et, pour apaiser ma soif, ils m'abreuvent de vinaigre.

69.23
Que leur table soit pour eux un piège,
Et un filet au sein de leur sécurité !

69.24
Que leurs yeux s'obscurcissent et ne voient plus,
Et fais continuellement chanceler leurs reins !

69.25
Répands sur eux ta colère,
Et que ton ardente fureur les atteigne !

69.26
Que leur demeure soit dévastée,
Qu'il n'y ait plus d'habitants dans leurs tentes !

69.27
Car ils persécutent celui que tu frappes,
Ils racontent les souffrances de ceux que tu blesses.

69.28
Ajoute des iniquités à leurs iniquités,
Et qu'ils n'aient point part à ta miséricorde !

69.29
Qu'ils soient effacés du livre de vie,
Et qu'ils ne soient point inscrits avec les justes !

69.30
Moi, je suis malheureux et souffrant :
Ô Dieu, que ton secours me relève !

69.31
Je célébrerai le nom de Dieu par des cantiques,
Je l'exalterai par des louanges.

69.32
Cela est agréable à l'Éternel, plus qu'un taureau
Avec des cornes et des sabots.

69.33
Les malheureux le voient et se réjouissent ;
Vous qui cherchez Dieu, que votre cœur vive !

69.34
Car l'Éternel écoute les pauvres,
Et il ne méprise point ses captifs.

69.35
Que les cieux et la terre le célèbrent,
Les mers et tout ce qui s'y meut !

69.36
Car Dieu sauvera Sion, et bâtira les villes de Juda ;
On s'y établira, et l'on en prendra possession ;

69.37
La postérité de ses serviteurs en fera son héritage,
Et ceux qui aiment son nom y auront leur demeure.

Après les psaumes de David, voici des prières tirées de l'Exode.

La plupart de ces versets ont d'ailleurs été traduits et adaptés pour le judaïsme ou par des rabbins. Ne soyez donc pas étonné de les retrouver aussi bien dans le judaïsme que dans le catholicisme.

EXODE, 15
POUR OBTENIR LA RICHESSE ET LE SUCCÈS

15.1
Alors Moïse et les enfants d'Israël chantèrent ce cantique à l'Éternel.
Ils dirent :
Je chanterai à l'Éternel, car il a fait éclater sa gloire ;
Il a précipité dans la mer le cheval et son cavalier.

15.2
L'Éternel est ma force et le sujet de mes louanges ;
C'est lui qui m'a sauvé.
Il est mon Dieu : je le célébrerai ;
Il est le Dieu de mon père : je l'exalterai.

15.3
L'Éternel est un vaillant guerrier ;
L'Éternel est son nom.

15.4
Il a lancé dans la mer les chars de Pharaon et son armée ;
Ses combattants d'élite ont été engloutis dans la mer Rouge.

15.5
Les flots les ont couverts :
Ils sont descendus au fond des eaux, comme une pierre.

15.6
Ta droite, ô Éternel ! a signalé sa force ;
Ta droite, ô Éternel ! a écrasé l'ennemi.

15.7
Par la grandeur de ta majesté
Tu renverses tes adversaires ;
Tu déchaînes ta colère :
Elle les consume comme du chaume.

15.8
Au souffle de tes narines, les eaux se sont amoncelées,
Les courants se sont dressés comme une muraille,
Les flots se sont durcis au milieu de la mer.

15.9
L'ennemi disait :
Je poursuivrai, j'atteindrai,
Je partagerai le butin ;
Ma vengeance sera assouvie,
Je tirerai l'épée, ma main les détruira.

15.10
Tu as soufflé de ton haleine :
La mer les a couverts ;
Ils se sont enfoncés comme du plomb,
Dans la profondeur des eaux.

15.11
Qui est comme toi parmi les dieux, ô Éternel ?

Alors Moïse et les enfants d'Israël chantèrent ce cantique à l'Éternel. Ils dirent : Je chanterai à l'Éternel, car il a fait éclater sa gloire ; Il a précipité dans la mer le cheval et son cavalier.

Qui est comme toi magnifique
en sainteté,
Digne de louanges,
Opérant des prodiges ?

15.12
Tu as étendu ta droite :
La terre les a engloutis.

15.13
Par ta miséricorde tu as conduit,
Tu as délivré ce peuple ;
Par ta puissance tu le diriges
Vers la demeure de ta sainteté.

15.14
Les peuples l'apprennent,
et ils tremblent :
La terreur s'empare des Philistins ;

15.15
Les chefs d'Édom s'épouvantent ;
Un tremblement saisit les guerriers
de Moab ;
Tous les habitants de Canaan
tombent en défaillance.

15.16
La crainte et la frayeur les
surprendront ;
Par la grandeur de ton bras
Ils deviendront muets comme
une pierre,
Jusqu'à ce que ton peuple soit
passé, ô Éternel !
Jusqu'à ce qu'il soit passé,
Le peuple que tu as acquis.

15.17
Tu les amèneras et tu les établiras
sur la montagne de ton
héritage,
Au lieu que tu as préparé
pour ta demeure, ô Éternel !

Au sanctuaire, Seigneur !
que tes mains ont fondé.

15.18
L'Éternel régnera éternellement
et à toujours.

15.19
Car les chevaux de Pharaon,
ses chars et ses cavaliers sont
entrés dans la mer,
Et l'Éternel a ramené sur eux
les eaux de la mer ;
Mais les enfants d'Israël ont
marché à sec au milieu de la mer.

15.20
Marie, la prophétesse, sœur
d'Aaron, prit à la main un
tambourin, et toutes les femmes
vinrent après elle, avec des
tambourins et en dansant.

15.21
Marie répondait aux enfants d'Israël :
Chantez à l'Éternel, car il a fait
éclater sa gloire ;
Il a précipité dans la mer le cheval
et son cavalier.

15.22
Moïse fit partir Israël de la mer
Rouge. Ils prirent la direction
du désert de Schur ; et, après
trois journées de marche dans
le désert, ils ne trouvèrent point
d'eau.

15.23
Ils arrivèrent à Mara ; mais ils ne
purent pas boire l'eau de Mara
parce qu'elle était amère. C'est
pourquoi ce lieu fut appelé Mara.

15.24
Le peuple murmura contre Moïse,
en disant : Que boirons-nous ?

15.25
Moïse cria à l'Éternel ; et l'Éternel
lui indiqua un bois, qu'il jeta dans
l'eau. Et l'eau devint douce. Ce fut
là que l'Éternel donna au peuple
des lois et des ordonnances, et ce
fut là qu'il le mit à l'épreuve.

15.26
Il dit : Si tu écoutes attentivement
la voix de l'Éternel, ton Dieu,
si tu fais ce qui est droit à ses
yeux, si tu prêtes l'oreille à ses
commandements, et si tu observes
toutes ses lois, je ne te frapperai
d'aucune des maladies dont j'ai
frappé les Égyptiens ; car je suis
l'Éternel, qui te guérit.

15.27
Ils arrivèrent à Élim, où il y avait
douze sources d'eau et soixante-
dix palmiers.
Ils campèrent là, près de l'eau.

EXODE, 12
POUR OBTENIR UNE VIE MEILLEURE

12.1
L'Éternel dit à Moïse et à Aaron dans le pays d'Égypte :

12.2
Ce mois-ci sera pour vous le premier des mois ; il sera pour vous le premier des mois de l'année.

12.3
Parlez à toute l'assemblée d'Israël, et dites :
Le dixième jour de ce mois, on prendra un agneau pour chaque famille, un agneau pour chaque maison.

12.4
Si la maison est trop peu nombreuse pour un agneau, on le prendra avec son plus proche voisin, selon le nombre des personnes ; vous compterez pour cet agneau d'après ce que chacun peut manger.

12.5
Ce sera un agneau sans défaut, mâle, âgé d'un an ; vous pourrez prendre un agneau ou un chevreau.

12.6
Vous le garderez jusqu'au quatorzième jour de ce mois ; et toute l'assemblée d'Israël l'immolera entre les deux soirs.

12.7
On prendra de son sang, et on en mettra sur les deux poteaux et sur le linteau de la porte des maisons où on le mangera.

12.8
Cette même nuit, on en mangera la chair, rôtie au feu ; on la mangera avec des pains sans levain et des herbes amères.

12.9
Vous ne le mangerez point à demi cuit et bouilli dans l'eau ; mais il sera rôti au feu, avec la tête, les jambes et l'intérieur.

12.10
Vous n'en laisserez rien jusqu'au matin ; et, s'il en reste quelque chose le matin, vous le brûlerez au feu.

12.11
Quand vous le mangerez, vous aurez vos reins ceints, vos souliers aux pieds, et votre bâton à la main ; et vous le mangerez à la hâte.
C'est la Pâque de l'Éternel.

12.12
Cette nuit-là, je passerai dans le pays d'Égypte, et je frapperai tous les premiers-nés du pays

d'Égypte, depuis les hommes jusqu'aux animaux, et j'exercerai des jugements contre tous les dieux de l'Égypte. Je suis l'Éternel.

12.13
Le sang vous servira de signe sur les maisons où vous serez ; je verrai le sang, et je passerai par-dessus vous, et il n'y aura point de plaie qui vous détruise, quand je frapperai le pays d'Égypte.

12.14
Vous conserverez le souvenir de ce jour, et vous le célébrerez par une fête en l'honneur de l'Éternel ; vous le célébrerez comme une loi perpétuelle pour vos descendants.

12.15
Pendant sept jours, vous mangerez des pains sans levain. Dès le premier jour, il n'y aura plus de levain dans vos maisons ; car toute personne qui mangera du pain levé, du premier jour au septième jour, sera retranchée d'Israël.

12.16
Le premier jour, vous aurez une sainte convocation ; et le septième jour, vous aurez une sainte convocation. On ne fera aucun travail ces jours-là ; vous pourrez seulement préparer la nourriture de chaque personne.

12.17
Vous observerez la fête des pains sans levain, car c'est en ce jour même que j'aurai fait sortir vos armées du pays d'Égypte ; vous observerez ce jour comme une loi perpétuelle pour vos descendants.

12.18
Le premier mois, le quatorzième jour du mois, au soir, vous mangerez des pains sans levain jusqu'au soir du vingt et unième jour.

12.19
Pendant sept jours, il ne se trouvera point de levain dans vos maisons ; car toute personne qui mangera du pain levé sera retranchée de l'assemblée d'Israël, que ce soit un étranger ou un indigène.

12.20
Vous ne mangerez point de pain levé ; dans toutes vos demeures, vous mangerez des pains sans levain.

12.21
Moïse appela tous les anciens d'Israël, et leur dit : Allez prendre du bétail pour vos familles, et immolez la Pâque.

12.22
Vous prendrez ensuite un bouquet d'hysope, vous le tremperez dans

le sang qui sera dans le bassin, et vous toucherez le linteau et les deux poteaux de la porte avec le sang qui sera dans le bassin. Nul de vous ne sortira de sa maison jusqu'au matin.

12.23
Quand l'Éternel passera pour frapper l'Égypte, et verra le sang sur le linteau et sur les deux poteaux, l'Éternel passera par-dessus la porte, et il ne permettra pas au destructeur d'entrer dans vos maisons pour frapper.

12.24
Vous observerez cela comme une loi pour vous et pour vos enfants à perpétuité.

12.25
Quand vous serez entrés dans le pays que l'Éternel vous donnera, selon sa promesse, vous observerez cet usage sacré.

12.26
Et lorsque vos enfants vous diront : Que signifie pour vous cet usage ?

12.27
vous répondrez : C'est le sacrifice de Pâque en l'honneur de l'Éternel, qui a passé par-dessus les maisons des enfants d'Israël en Égypte, lorsqu'il frappa l'Égypte et qu'il sauva nos maisons.
Le peuple s'inclina et se prosterna.

12.28
Et les enfants d'Israël s'en allèrent, et firent ce que l'Éternel avait ordonné à Moïse et à Aaron ; ils firent ainsi.

12.29
Au milieu de la nuit, l'Éternel frappa tous les premiers-nés dans le pays d'Égypte, depuis le premier-né de Pharaon assis sur son trône, jusqu'au premier-né du captif dans sa prison, et jusqu'à tous les premiers-nés des animaux.

12.30
Pharaon se leva de nuit, lui et tous ses serviteurs, et tous les Égyptiens ; et il y eut de grands cris en Égypte, car il n'y avait point de maison où il n'y eût un mort.

12.31
Dans la nuit même, Pharaon appela Moïse et Aaron, et leur dit: Levez-vous, sortez du milieu de mon peuple, vous et les enfants d'Israël. Allez, servez l'Éternel, comme vous l'avez dit.

12.32
Prenez vos brebis et vos bœufs, comme vous l'avez dit ; allez, et bénissez-moi.

12.33
Les Égyptiens pressaient le peuple, et avaient hâte de le renvoyer du pays, car ils disaient : Nous périrons tous.

12.34
Le peuple emporta sa pâte avant qu'elle fût levée. Ils enveloppèrent les pétrins dans leurs vêtements, et les mirent sur leurs épaules.

12.35
Les enfants d'Israël firent ce que Moïse avait dit, et ils demandèrent aux Égyptiens des vases d'argent, des vases d'or et des vêtements.

12.36
L'Éternel fit trouver grâce au peuple aux yeux des Égyptiens, qui se rendirent à leur demande. Et ils dépouillèrent les Égyptiens.

12.37
Les enfants d'Israël partirent de Ramsès pour Succoth au nombre d'environ six cent mille hommes de pied, sans les enfants.

12.38
Une multitude de gens de toute espèce montèrent avec eux ; ils avaient aussi des troupeaux considérables de brebis et de bœufs.

12.39
Ils firent des gâteaux cuits sans levain avec la pâte qu'ils avaient emportée d'Égypte, et qui n'était pas levée ; car ils avaient été chassés d'Égypte, sans pouvoir tarder, et sans prendre des provisions avec eux.

12.40
Le séjour des enfants d'Israël en Égypte fut de quatre cent trente ans.

12.41
Et au bout de quatre cent trente ans, le jour même, toutes les armées de l'Éternel sortirent du pays d'Égypte.

12.42
Cette nuit sera célébrée en l'honneur de l'Éternel, parce qu'il les fit sortir du pays d'Égypte ; cette nuit sera célébrée en l'honneur de l'Éternel par tous les enfants d'Israël et par leurs descendants.

12.43
L'Éternel dit à Moïse et à Aaron : Voici une ordonnance au sujet de la Pâque : Aucun étranger n'en mangera.

12.44
Tu circonciras tout esclave acquis à prix d'argent ; alors il en mangera.

12.45
L'habitant et le mercenaire n'en mangeront point.

12.46
On ne la mangera que dans la maison ; vous n'emporterez point de chair hors de la maison, et vous ne briserez aucun os.

12.47
Toute l'assemblée d'Israël fera la Pâque.

12.48
Si un étranger en séjour chez toi veut faire la Pâque de l'Éternel, tout mâle de sa maison devra être circoncis ; alors il s'approchera pour la faire, et il sera comme l'indigène ; mais aucun incirconcis n'en mangera.

12.49
La même loi existera pour l'indigène comme pour l'étranger en séjour au milieu de vous.

12.50
Tous les enfants d'Israël firent ce que l'Éternel avait ordonné à Moïse et à Aaron ; ils firent ainsi.

12.51
Et ce même jour l'Éternel fit sortir du pays d'Égypte les enfants d'Israël, selon leurs armées.

LES LIEUX DE PRIÈRE

En plus de la prière, vous pouvez toujours vous rendre directement dans un haut lieu spirituel pour demander une amélioration sur le plan de votre travail, de vos finances ou de votre santé, ou une consolidation de votre relation sentimentale.

Vous pouvez également vous rendre dans un lieu hautement spirituel même s'il n'y a pas de blocage particulier chez vous, juste pour retrouver un peu plus d'énergie, de sérénité ou faire appel à la chance.

Il ne faut pas avoir honte de demander. Matthieu et Luc nous disent dans les versets de la Bible : « Demandez et Dieu vous donnera. » Cela veut bien dire qu'il est permis de faire cette demande auprès des saints et des apôtres sans pour autant se sentir en faute.

UNE TRANSFORMATION INTÉRIEURE

Cette visite dans un haut lieu aura pour effet de mettre en action les énergies spirituelles avec vos énergies personnelles. Vous pouvez espérer la réalisation d'un de vos vœux tout comme une transformation intérieure très intense.

En effet, le simple fait d'être en connexion avec le monde spirituel vous apporte incontestablement du bien-être et une certaine sérénité pour aborder toutes les problématiques qui se présentent à vous.

J'ai souvent testé moi-même les effets de ces lieux que j'appelle « lieux magiques », et je peux dire que j'en ai tiré beaucoup de leçons à tous points de vue. Je vous recommande de choisir un lieu de prière non loin de chez vous, pour ne pas perdre le bénéfice de cette action dans la fatigue d'un long trajet.

N'oubliez jamais que notre objectif est toujours de tirer le maximum de profit d'une expérience pour en récolter le plus d'effets positifs possible.

LES ADRESSES

Voici maintenant quelques-uns des lieux de prière les plus forts et les plus connus en France. Je vous parle ici volontairement de lieux de culte de plusieurs religions pour que vous puissiez avoir le choix selon vos aspirations spirituelles.

Notre-Dame de La Salette
Adresse : Le Sanctuaire, 38970 La Salette-Fallavaux (Isère).
Qui invoquer : Notre-Dame de La Salette.
Quelle grâce demander : toutes grâces.
Historique : c'est en 1851 que l'évêque de Grenoble déclara comme officielles les apparitions de la Sainte Vierge sur les hauteurs du petit village de La Salette-Fallavaux. Depuis, ce lieu s'est taillé une très belle réputation et il est maintenant le lieu spirituel le plus visité après Lourdes.

Mosquée d'Évry-Courcouronnes
Adresse : 20, rue Georges-Brassens, 91080 Évry-Courcouronnes (Essonne).
Qui invoquer : Allah.

Quelle grâce demander : toutes grâces.
Historique : après dix ans de travaux, la plus grande mosquée de France a vu le jour en 1994 à Évry-Courcouronnes. À la fois un lieu de culte et un centre culturel islamique, elle a été financée par des donateurs privés et institutionnels, en particulier le roi Hassan II du Maroc et le roi d'Arabie Saoudite.

Près de 1 500 fidèles peuvent tenir dans la grande salle de prière. Le centre culturel organise des expositions et accueille en moyenne 1 000 visiteurs par mois.

La synagogue de Carpentras
Adresse : place Maurice-Charretier, 84200 Carpentras (Vaucluse).
Qui invoquer : Yahvé.
Quelle grâce demander : toutes grâces.
Historique : la synagogue de Carpentras se trouve être la plus ancienne synagogue française en activité. C'est au XIVe siècle que les Juifs comtadins (« Juifs du Pape ») de Carpentras l'ont édifiée.

Cette synagogue dispose d'une salle traditionnelle pour la prière et de salles annexes pour les rituels juifs comprenant une piscine liturgique, une boulangerie pour le pain azyme et une salle pour la vie communautaire. La salle traditionnelle de prière est recouverte de boiseries. La synagogue de Carpentras a été classée monument historique en 1924.

Notre-Dame de la Médaille Miraculeuse
Adresse : 140, rue du Bac, 75007 Paris.
Qui invoquer : la Sainte Vierge.
Quelle grâce demander : toutes grâces et guérisons.
Historique : c'est en 1830 que Catherine Labouré assista à l'apparition de la Vierge Marie pendant une messe donnée à la chapelle de la rue du Bac. La Vierge Marie lui aurait dit : « Venez au pied de cet autel. Là, les grâces seront répandues sur toutes les personnes qui les demanderont avec confiance. »

Quelques jours plus tard, lors d'une nouvelle apparition, la Vierge Marie lui demanda de faire réaliser une médaille très précise pour que celle-ci puisse apporter la guérison aux personnes qui la porteront.

Temple protestant du Chambon-sur-Lignon
Adresse : chemin des Bretchs, 43400 Le Chambon-sur-Lignon (Haute-Loire).
Qui invoquer : André Trocmé, de l'Église réformée de France, son épouse, Magda Trocmé, ainsi que son assistant, le pasteur Édouard Theis.
Quelle grâce demander : toutes grâces.
Historique : les habitants du Chambon-sur-Lignon abritèrent plus de 5 000 personnes de décembre 1940 à septembre 1944, parmi lesquelles probablement 3 500 juifs. Sous l'impulsion du pasteur Trocmé, les villageois abritèrent ces gens chez eux, dans des hôtels, des fermes et dans les écoles.

En outre, ils ont réalisé de faux papiers d'identité et de fausses cartes de rationnement pour les réfugiés, allant même jusqu'à aider certains à passer en Suisse neutre. Depuis, le temple protestant de ce village est devenu un haut lieu de prière aussi bien pour les juifs que pour les protestants.

Notre-Dame-de-la-Délivrande
Adresse : 10, place de la Basilique, Douvres-la-Délivrande (Calvados).
Qui invoquer : Notre-Dame-de-la-Délivrande, devant la statue dans l'église.
Quelle grâce demander : toutes grâces et guérisons.
Historique : la tradition locale rapporte que le comte du Bessin découvrit une statue de la Vierge Marie grâce à un mouton qui fouillait la terre en donnant des coups de sabot toujours au même endroit.

Au XVe siècle, Louis XI vint deux fois en pèlerinage. Il a attribué depuis à la statue de Notre-Dame-de-la-Délivrande toutes sortes de guérisons et de réussites.

La Grande Synagogue de Paris
Adresse : 44, rue de la Victoire, 75009 Paris.
Qui invoquer : Yahvé.
Quelle grâce demander : toutes grâces et guérisons.
Historique : c'est Alfred-Philibert Aldrophe, architecte de la communauté juive de la fin du XIXe siècle, qui se voit confier la construction de la future plus grande synagogue de Paris entre 1867 et 1874.

Cette synagogue, également appelée « synagogue de la Victoire », est classée monument historique depuis 1987 et abrite un décor saisissant : une nef impressionnante et de magnifiques vitraux réalisés par Antoine Lusson, Eugène Oudinot et Lefèvre, qui représentent les douze tribus d'Israël.

Le temple bouddhiste d'Auvergne (Dhagpo Kundreul Ling)
Adresse : Le Bost, 63640 Biollet (Puy-de-Dôme).
Qui invoquer : Gyalwa Karmapa Trinley Thayé Dorjé.
Quelle grâce demander : toutes grâces.
Historique : c'est le lama Guendune Rinpoché qui a été choisi, en 1984, par maître Karmapa Rangjoung Rigpé Dordjé, pour diffuser le Dharma du Bouddha en Europe, et ce fut en Auvergne.

Ce centre bouddhiste réunit deux sites, celui du Bost et celui de Laussedat. S'y dressent deux monastères pour les moines, plusieurs centres de retraite (courtes ou longues) plus le temple du Karmapa, et un endroit destiné aux retraites courtes.

La Grande Mosquée de Strasbourg
Adresse : 6 rue Averroes, 67100 Strasbourg.
Qui invoquer : Allah.
Quelle grâce demander : toutes grâces.
Historique : officiellement inaugurée en 2012, la Grande Mosquée de Strasbourg remplace une salle de prière qui, à la base, se trouvait installée dans une ancienne usine.

C'est en novembre 2009, le jour de l'Aïd al-Adha, que sa coupole de 24 mètres de haut pour 17 mètres de diamètre a été posée. En construction depuis 2004, la mosquée a été ouverte au culte en 2011, le premier jour du Ramadan 1432.

Après celle d'Évry-Courcouronnes, la Grande Mosquée de Strasbourg se trouve être aujourd'hui la deuxième plus grande mosquée de France.

3

ATTIRER LA CHANCE ET LE SUCCÈS

Comment purifier son habitation

Nous avons vu ensemble l'importance de se dégager personnellement des ondes négatives pour déclencher la chance. Mais sachez que le simple fait de le faire ne sera jamais, au grand jamais, suffisant. En effet, si vous vous débarrassez des ondes négatives que vous portez sans nettoyer votre habitation, cela reviendra à ne rien faire. C'est pour cela qu'il est important de bien enlever les ondes négatives présentes dans votre habitation.

Il faut savoir que, au fil des semaines, votre demeure – les murs et l'environnement de votre habitation – va se charger des ondes négatives des personnes passant chez vous. Ces ondes vont s'incruster dans votre foyer.

Si vous n'agissez pas, vous prenez le risque que ces ondes chargent vos murs de façon négative, que ces ondes s'amplifient et saturent votre habitation, empêchant ainsi les énergies positives de se renouveler.

Il en résultera alors une fatigue permanente, une mauvaise humeur, un état anxieux et des insomnies. À cette étape, il ne restera que deux possibilités : ne rien faire, au risque de perdre toute chance de réussite et de succès dans tous les domaines, ou combattre les ondes négatives en procédant à un nettoyage de votre habitation pour attirer la chance et le succès.

Pour agir efficacement contre les ondes négatives de votre habitation et purifier votre intérieur, je vais vous donner plusieurs solutions. D'abord, trois plantes à brûler selon le rituel que je vais vous expliquer. On commence par la sauge blanche.

LA SAUGE BLANCHE

Cette plante vient tout droit des Indiens d'Amérique. Les chamanes l'utilisent lors de cérémonies chamaniques de purification. Dans ces cérémonies, les chamanes purifient aussi bien les habitations que les personnes.

C'est d'ailleurs pour cela que la sauge blanche est très utilisée, car elle convient aussi bien aux lieux chargés qu'aux humains porteurs d'ondes négatives. La sauge blanche, originaire du désert de Californie, a pour nom latin *Salvia apiana*. Elle est considérée comme l'encens le plus puissant pour des rituels de purification et de protection.

Comment utiliser le bâton de feuilles purificateur ? Vous devez dans un premier temps vous procurer de la sauge blanche sous forme de bâton et non d'encens. Puis vous devez allumer l'extrémité du bâton. Une fois le bâton allumé, il ne vous reste plus qu'à éteindre la flamme pour créer de la fumée.

Ouvrez alors toutes les fenêtres, puis faites le tour de votre habitation pièce par pièce. Surtout, n'hésitez pas à bien enfumer les angles de chaque pièce. Au bout de quinze minutes, vous pouvez refermer les fenêtres et faire une prière pour demander la protection de votre habitation.

Pour finir, il faut savoir que la sauge a le pouvoir de nettoyer les mémoires enfouies dans une vieille habitation. Elle est donc idéale pour purifier une habitation qui a vu passer de nombreux habitants. Mais ce n'est pas tout : les passeurs d'âmes l'utilisent aussi régulièrement pour faire monter une entité bloquée dans une demeure.

LE LAURIER

Cela va peut-être vous surprendre, mais il est tout à fait possible d'utiliser des feuilles séchées de laurier pour purifier votre habitation. Mais pas n'importe quel laurier : uniquement le laurier dit « aromatique » (et non pas celui dont on fait des haies dans les jardins).

Même si, à la base, l'effet du laurier aromatique est plus proche de la relaxation, il n'en est pas moins intéressant de l'utiliser comme purificateur de votre demeure. Je vous recommande même d'alterner entre la sauge blanche et le laurier aromatique.

Comment utiliser le laurier aromatique ? Vous devez allumer un charbon ardent puis le poser délicatement dans un brûle-encens. Une fois le charbon bien allumé, posez tout simplement dessus quelques feuilles de laurier aromatique.

Ouvrez toutes les fenêtres, puis faites le tour de votre habitation pièce par pièce. N'hésitez pas à bien enfumer les angles de chaque pièce. Au bout de quinze minutes, vous pouvez refermer les fenêtres et faire une prière pour demander la protection de votre habitation. Pour une efficacité maximale, je vous recommande de faire cette action au moins une fois par mois.

LES AIGUILLES DE CÈDRE ROUGE

Le cèdre rouge est un arbre robuste totalement paradoxal, car il pousse aussi bien en altitude dans les montagnes du Colorado que dans le désert aride de l'Arizona.

Cet arbre est un véritable purificateur qui apporte calme, sérénité et harmonie dans une habitation. Utilisé en fumigation, il permet la communion avec les quatre éléments : l'eau, la terre, l'air et le feu. Un peu comme un *dreamcatcher* (« attrape-rêves »), il chasse les mauvais rêves et favorise un sommeil réparateur.

C'est également un réel canalisateur d'ondes positives. Il est parfait pour réaligner et rééquilibrer les habitations.

Le cèdre rouge apporte régénération, purification, paix et confiance. Les anciens l'utilisaient pour combattre toutes sortes d'épidémies, par exemple le choléra. Il servait également très fréquemment à assainir une habitation après un hiver rigoureux.

Vous pouvez l'utiliser en suivant le même processus que pour le laurier (voir page précédente).

Nous allons maintenant voir des techniques autres que celles des plantes à brûler.

LE GROS SEL

On utilise le gros sel depuis la nuit des temps pour dégager, nettoyer et purifier une habitation. Le gros sel a cette vertu d'absorber le négatif, mais souvent il est bon de l'associer à d'autres ingrédients pour booster ses effets.

C'est pourquoi je vous propose maintenant un petit rituel à base de gros sel, d'eau de Floride (Agua de Florida), de citron vert et de clous de girofle.

1. Versez dans une petite assiette une quantité assez importante de gros sel.
2. Versez maintenant sur le gros sel 4 cuillerées à soupe d'eau de Floride et mélangez bien le tout avec les mains.
3. Posez sur le gros sel 4 rondelles de citron vert.
4. Piquez les rondelles de citron de plusieurs clous de girofle (peu importe le nombre).
5. Récitez ou lisez à haute voix le psaume de David n° 5 en entier.
6. Vous pouvez maintenant poser l'assiette à l'abri des regards ou tout simplement sous votre lit pendant huit jours. Vous pouvez renouveler ce rituel tous les trois mois.

Tous les ingrédients de ce rituel sont connus pour absorber le négatif. C'est le cas notamment de l'eau de Floride. À l'origine, c'est une sorte d'eau de Cologne aux pouvoirs bénéfiques, comme celui de dégager les énergies lourdes. Elle a été détournée dans les rituels de magie pour ses grandes qualités énergétiques. Elle est également souvent donnée en offrande toujours en magie.

SOIGNER SON HABITATION

Plus vous allez prendre soin de votre habitation, plus vous allez limiter la propagation d'ondes négatives chez vous. C'est pour cela que le ménage dans les pièces de vie reste primordial. Vous ne devez pas non plus perdre de vue qu'il faut aérer tous les jours votre habitation, été comme hiver. Cela aura pour effet de faire circuler les énergies et surtout de les renouveler.

Enfin, même si cela semble évident, des pièces bien organisées et une circulation dégagée d'une pièce à l'autre pièce sont des facteurs essentiels. En effet, le bazar organisé ainsi que les pièces surchargées en bibelots, meubles et tableaux consomment énormément d'énergie positive.

Alors, s'il le faut, réorganisez un peu votre intérieur et passez un peu de temps à prendre soin de vos pièces de vie.

METTRE DES PLANTES CHEZ SOI

Savez-vous que certaines plantes, en vivant chez vous, peuvent transformer l'air ambiant en ondes positives ? Elles ont besoin d'eau, d'amour et de soleil. Certaines personnes vont jusqu'à leur parler ou leur diffuser de la musique pour qu'elles s'épanouissent et qu'elles produisent des ondes positives.

Pour obtenir un environnement équilibré chez vous, je vous recommande des plantes rustiques qui ne nécessitent que peu d'attention. Vous pouvez également vous tourner vers les cinq plantes de la liste qui suit pour neutraliser les ondes négatives.

Les orchidées (*Orchidaceae*)
Il est bon de savoir que le meilleur emplacement pour cette fleur reste dans une chambre car elle produit de l'oxygène toute la nuit et renouvelle donc l'air ambiant.

Le *lucky* bambou (*Dracaena sanderiana*)
C'est par définition le « bambou de la chance ». Tout petit, il ne prendra pas beaucoup de place et demandera peu d'attention.

Le lys (*Lilium*)
Avec ses grandes qualités purificatrices, le lys vous permettra de réduire de façon drastique les gaz nocifs dans votre habitation.

L'arbre de Jade (*Crassula ovata*)
Cette plante apporte la prospérité et l'argent. Certaines personnes enterrent à son pied des pièces pour activer la chance.

Le citronnier (*Citrus x limon*)
On le place souvent en cuisine, sous une tonnelle ou bien encore sur un balcon. Il est généralement synonyme d'abondance et de richesse grâce à ses propriétés fruitières.

Pour finir, faites attention aux feuilles et aux branches mortes, car elles génèrent très rapidement beaucoup d'ondes négatives. Alors, un bon conseil : débarrassez-vous toujours très vite des plantes mortes ou des branches fanées.

DÉFINIR DE FAÇON PRÉCISE LES PIÈCES DE VIE

Pour une bonne circulation des énergies dans votre demeure, il est très important de bien définir vos espaces de vie. La base, c'est de distinguer les espaces consacrés au jour de ceux consacrés à la nuit, et de respecter des principes pour ces espaces.

Concrètement, cela veut dire : pas d'ordinateur, pas de bureau et pas de télévision dans une chambre. On ne mélange pas ce qui nécessite un travail de l'esprit et le repos. Tout comme on ne met pas un lit dans un salon.

Puis, comme on l'a déjà vu (voir paragraphe « Soigner son habitation » page précédente), ne surchargez pas vos pièces en meubles de toutes sortes juste pour combler un espace vide. À tout prendre, il vaut mieux un grand espace bien aéré qu'un endroit où rien ne respire.

Après avoir bien défini les espaces et grâce aux plantes que je vous ai conseillées, vous devriez déjà pouvoir faire circuler un peu mieux les ondes positives dans votre habitation.

EN PRATIQUE

PROTÉGER

LES POINTS D'ENTRÉE AINSI QUE LES FENÊTRES

Savez-vous que les portes et les fenêtres de votre habitation sont de vraies passoires ? En effet, elles laissent entrer chez vous toutes sortes d'énergies négatives sans que vous vous en rendiez compte.

La solution ? Tout simplement purifier toutes les issues avec un entretien propre et sain. Pour cela, vous devez ajouter dans un seau d'eau le jus d'au moins 6 citrons verts. Après avoir bien mélangé le tout, ajoutez dans le seau 1 tasse à café de gros sel et ½ tasse de vinaigre blanc.

Une fois cette préparation bien mélangée, munissez-vous de gants et d'un chiffon. Trempez le chiffon dans le seau d'eau et procédez au nettoyage minutieux des portes et des fenêtres, sans oublier les poignées.

Cette action est très puissante, vous pouvez même utiliser votre mélange pour laver les sols de votre habitation.

Je vous recommande de faire cela au moins une fois par mois.

BRÛLER DES BOUGIES À LA CIRE D'ABEILLE

Abordons maintenant le sujet des bougies. Il existe une multitude de bougies parfumées dans le commerce pour désodoriser les intérieurs, mais ce n'est pas de celles-ci que je veux vous parler.

Je veux vous parler d'un type de bougies bien plus efficace que celles qui se contentent seulement d'apporter une touche de parfum dans votre demeure. Je veux vous parler de la bougie à la cire d'abeille. Pourquoi ? Tout simplement parce que cette bougie a de nombreuses qualités. Son atout premier est qu'elle est 100 % naturelle, mais ce n'est pas tout. Elle a la propriété de réduire le stress, de vous mettre de bonne humeur et surtout elle produit des ions négatifs qui nettoient littéralement l'air ambiant.

C'est un véritable canalisateur qui transforme le négatif en positif. Sans compter sur la délicieuse odeur de miel qui va se propager dans toutes les pièces de votre demeure à chaque fois que vous allez l'utiliser.

MÉDITER

Méditer apporte beaucoup de sérénité et de discernement, mais pas seulement. Le lieu dans lequel vous méditez se charge automatiquement des mêmes bienfaits et des ondes positives que vous générez.

En fin de compte, il important de savoir que, lorsque vous êtes en méditation, vous constituez autour de votre corps un égrégore d'ondes positives. Plus vous méditez et plus cet égrégore s'agrandit.

Par déduction, choisissez chez vous une pièce dans laquelle vous allez méditer régulièrement. L'égrégore positif s'installera dans cette pièce et grandira au fur et à mesure que vous allez faire des séances de méditation.

C'est ainsi que votre habitation se trouvera rechargée en ondes positives et vous mettra par la même occasion à l'abri des ondes négatives. Vous avez donc tout à y gagner. Vous voilà gagnant sur tous les tableaux. Vous travaillez sur votre paix intérieure comme sur la paix de votre habitation.

DIFFUSER DES HUILES ESSENTIELLES

L'encens est aujourd'hui le moyen le plus connu et reconnu pour purifier une habitation. Mais il arrive que certaines personnes soient allergiques à l'encens ou tout simplement n'aiment pas l'odeur de l'encens.

Il est vrai que l'encens sent fort et dégage de la fumée, ce qui n'est pas toujours des plus agréable. Sans compter sur certains parfums d'encens très tenaces.

Il existe une autre solution très efficace, celle des huiles essentielles. Elles sont très puissantes car ce sont des concentrés de plantes.

En plus de ses effets thérapeutiques, chaque huile essentielle joue un rôle important sur l'environnement. D'ailleurs, généralement, on utilise un diffuseur d'huiles essentielles pour les répartir soit dans une pièce en particulier, soit dans l'ensemble de l'habitation.

Voici une liste d'huiles essentielles que vous pouvez diffuser chez vous, à varier selon l'objectif visé :

- lavande : pour apaiser une maison et détendre l'atmosphère ;
- épinette noire : pour apporter un peu plus d'énergie dans une habitation ;
- arbre à thé (*tea tree*) : pour purifier l'atmosphère ;
- romarin : pour chasser les ondes négatives ;
- benjoin de Sumatra : pour déclencher la chance ;
- santal blanc : pour apaiser le stress et la nervosité ;
- immortelle : pour purifier un lieu ;
- xanthoxylum sauvage : pour assainir une habitation.

Attention, l'utilisation de certaines huiles essentielles peut être déconseillée dans certains cas. Certaines huiles peuvent avoir des effets toxiques si elles sont mal utilisées. Je vous recommande donc toujours de demander conseil à un professionnel avant toute utilisation.

4

ATTIRER LA CHANCE ET LE SUCCÈS

Être en bonne santé pour déclencher la chance

Dès l'introduction de ce livre, je vous ai parlé du fait qu'il fallait être en bonne santé pour attirer la chance à vous. En effet, il est primordial que l'énergie circule bien dans votre corps pour favoriser la bonne circulation des ondes positives. Pourquoi ? Tout simplement pour éliminer toutes les sortes de blocages en vous. Moins il y aura de blocages en vous, plus vous aurez de possibilités d'attirer la chance et le succès.

Si vous manquez d'énergie, si vous êtes fatigué ou que vous ne vous sentez pas dans votre assiette, vous allez passer à côté de certaines opportunités. Soit par manque de concentration, soit par manque d'attention.

Pour remédier à tout cela, il y a une solution très simple : les compléments alimentaires. Dans les pages qui suivent, vous allez trouver une liste non exhaustive des compléments alimentaires indispensables pour vous rebooster. Inutile de tous les prendre : choisissez celui avec lequel vous vous sentez le plus en affinité ou celui qui vous semble le plus adapté à votre organisme. Il est intéressant de les tester pour voir lequel vous convient et sera efficace pour vous.

En effet, personne ne réagit de la même manière à la prise de tel ou tel complément alimentaire. À vous de trouver la solution la plus adaptée.

LES COMPLÉMENTS ALIMENTAIRES INDISPENSABLES

Les compléments alimentaires ou énergétiques ne sont pas des médicaments, vous pouvez les trouver sans ordonnance, soit dans les boutiques diététiques, soit dans les pharmacies. Ils sont utilisés soit pour combler une carence en vitamines ou en oligoéléments, soit pour lutter contre la fatigue, le surmenage intellectuel ou physique, le stress, la déprime, les angoisses ou tout simplement le manque d'énergie. Dans votre cas, ils peuvent également vous aider à mieux vivre.

Voici une sélection des compléments alimentaires les plus connus et les plus utilisés pour leurs valeurs énergétiques.

LA GELÉE ROYALE

La gelée royale est une sécrétion du système glandulaire des abeilles ouvrières. C'est une substance blanchâtre aux reflets nacrés. Cette substance constitue la nourriture exclusive de toutes les larves de la colonie au premier stade de leur vie de la ruche et celle de la reine pendant toute son existence.

C'est ce qui explique qu'on la qualifie de « royale ». Grâce à la gelée royale, la larve de reine croît proportionnellement en un jour plus qu'un veau en un an ! La reine jouit, grâce à cette alimentation spéciale, d'une longévité de cinq à six années, contre quarante-cinq jours en moyenne pour l'abeille ouvrière. Cet effet spectaculaire a conduit certains chercheurs à étudier cette nourriture particulièrement riche en vue d'une application diététique chez les humains.

Voici sa composition :
- Glucides : glucose, fructose, maltose, erlose, tréhalose, mélibiose.
- Protides, acides aminés, protéines : acide aspartique, acide glutamique, alanine, arginine, cystine, glycine, histidine, isoleucine, lysine, méthionine, phénylalanine, proline, sérine, taurine, thréonine, tyrosine, tryptophane, valine.
- Vitamines : A, B1, B2, B3, B5, B6, B7, B8, B9, B12, C, D, E.

- Lipides : acide cétotransdécénedoïque, hydroxytransdécénedroïque.
- Minéraux et oligoéléments : calcium, cuivre, fer, phosphore, potassium, silicium, magnésium, manganèse, soufre, aluminium, argent, baryum, bore, chrome, cobalt, étain, molybdène, nickel, plomb, sélénium, strontium, titane, vanadium, zinc.
- Hormone : acétylcholine.

Indications : en cas de grande fatigue générale, d'asthénie, de fatigue intellectuelle, de difficulté de concentration, de déprime.

Une cure d'un mois de gelée royale tous les six mois peut être l'idéal pour retrouver votre tonus.

LE GINSENG

Le mot ginseng viendrait du grec *panaxos,* « qui guérit tout », ou du chinois *Gin-tzaen,* « homme-racine ». Le ginseng, ou *Panax ginseng,* est connu pour apporter la jeunesse éternelle à ceux qui en consomment. La partie utilisée est la racine, qui n'est pas sans rappeler le corps de l'homme.

L'étude chimique révèle que les constituants auxquels on doit les qualités thérapeutiques de la racine sont des saponosides appelés « ginsénosides ». Leur taux doit être d'au moins 8 % pour avoir une activité valable. Ces ginsénosides ont une action générale sur l'organisme ; ils augmentent les performances physiques et intellectuelles. Ils améliorent le processus de mémorisation des réflexes. De plus, en agissant sur les cortico-surrénales, la racine de ginseng a une action stimulante sur les organes sexuels.

Voici sa composition :

- Acides aminés : leucine, isoleucine, valine, arginine, méthionine, acide glutamique, thréonine, histidine.
- Vitamines : A, B1, B2, B3, B5, B6, B7, B12, C, D, E.
- Lipides : acide cétotransdécénedoïque, hydroxytransdécénedroïque.
- Minéraux et oligoéléments : calcium, cuivre, fer, magnésium, manganèse, soufre, phosphore, potassium, iode, fluor, sélénium, cobalt, germanium, silice.

Indications : en cas de fatigue, de surmenage, de convalescence. Effet rééquilibrant, cardiotonique, anti-stress, revitalisant.

LE POLLEN

Le pollen est récolté sur les fleurs (semences mâles des fleurs) par les abeilles, il est ensuite aggloméré sous forme de deux pelotes et transporté à la ruche. Sa composition extrêmement riche en fait l'aliment de croissance des larves de toute la colonie.

Il apporte non seulement des protéines en quantité importante mais aussi de nombreux acides aminés libres directement utilisables par l'organisme. C'est un excellent tonifiant avec un effet euphorisant, un rééquilibrant fonctionnel et un détoxifiant.

Voici sa composition :

- Glucides, protides et lipides.
- Vitamines : B1, B2, B3, B5, B6, B7, B8, B9, C, D, E, carotène.
- Minéraux et oligoéléments : calcium, chlore, cuivre, fer, phosphore, potassium, silicium, magnésium, manganèse, soufre.

Indications : en cas de fatigue physique et intellectuelle, de convalescence. Effet rééquilibrant, tonifiant, antistress, revitalisant.

Il est recommandé de faire plusieurs cures de pollen dans l'année pour bénéficier pleinement de ses bienfaits, et surtout de le conserver à l'abri de la lumière et de l'humidité.

L'ÉLEUTHÉROCOQUE

L'éleuthérocoque est une plante de la même famille que le ginseng, abondante en Sibérie. Sa racine renferme des éleuthérosides, auxquels elle doit ses propriétés. Son effet stimulant et vitalisant s'expliquerait par un contrôle hormonal sur les organes concernés, par l'intermédiaire de l'hypophyse et de l'hypothalamus. L'éleuthérocoque facilite aussi la concentration intellectuelle.

La chimie de l'éleuthérocoque est des plus élaborées : la plante renferme un grand nombre de vitamines, d'acides aminés et autres principes actifs, qui forment un véritable complexe, mais il apparaît difficile de dissocier tel ou tel de ces composants dans l'action globale de la plante.

L'éleuthérocoque n'agit pas spécifiquement sur telle ou telle affection. L'éleuthérocoque accroît sensiblement les capacités physiques et intellectuelles d'une personne. Si bien que, depuis vingt ans, les autorités russes en font usage auprès de leurs athlètes et cosmonautes. Côté français, cette plante a été également testée avec succès aux Jeux olympiques de Los Angeles.

Indications : en cas de fatigue physique et intellectuelle, de surmenage, de préparation aux compétitions sportives, de préparation aux examens. Effet antistress, augmente la résistance au froid.

LA NOIX DE KOLA

Les kolatiers sont des arbres originaires d'Afrique tropicale, cultivés en Côte d'Ivoire et au Nigéria. Ce sont les graines, improprement appelées « noix », qui constituent la partie intéressante en phytothérapie. La composition chimique de la noix de kola a été étudiée, et les principes actifs les plus intéressants sont d'une part les flavonoïdes, qui donnent à la noix de kola une action vitaminique P, et d'autre part la caféine et la théobromine, qui confèrent à la noix de kola une action antifatigue et tonifiante aussi bien intellectuellement que physiquement.

Il est intéressant de noter que dans la noix de kola, les bases puriques sont fixées très lentement dans l'intestin. On aura donc ainsi une action prolongée sans les effets excitants de la caféine.

Appréciée aussi bien par les hommes actifs que par les intellectuels, la noix de kola est un excitant physique et psychique très utile en cas de fatigue.

Indications : en cas de fatigue physique et intellectuelle, de surmenage, de fatigue sexuelle, de fatigue sportive.

LE GINGEMBRE

Le gingembre est une très ancienne plante indienne et chinoise. Son rhizome a une odeur aromatique caractéristique, due à une essence et une saveur épicées.

Plusieurs substances ont été isolées dont un groupe particulier, les gingérols. Ces gingérols en études approfondies ont confirmé la réputation d'aphrodisiaque du gingembre. Ils ont montré également une action bénéfique sur la fertilité par augmentation du volume de sperme fabriqué.

Le gingembre est également un bon antiémétique ; on l'utilise pour prévenir le mal des transports. Mais il améliore également les digestions difficiles car il est cholagogue (favorise l'élimination de la bile vers l'intestin) et cholérétique (aide à la production de la bile).

Indications : en cas de fatigue, d'asthénie, d'impuissance, de mal des transports, de fatigue sexuelle, de manque de tonus.

Après les principaux compléments alimentaires, voici la table pratique des vitamines.

LA VITAMINE A

- Fonctions : entretient la vision, assure la croissance, la souplesse et l'hydratation de la peau et des muqueuses. Elle est présente dans les végétaux sous forme de provitamine A dont le bêtacarotène.
- Signes d'insuffisance : baisse de la vision nocturne, peau sèche, irritée, cécité.
- Où la trouver : œufs, fromage, foie, beurre, légumes rouges et verts.

LA VITAMINE D

- Fonctions : assure la croissance osseuse, permet la fixation du calcium et du phosphore sur les os ainsi que sur les dents.
- Signes d'insuffisance : déminéralisation osseuse, décalcification, rachitisme.
- Où la trouver : en faible quantité dans le saumon, la sardine, le hareng, le foie, les œufs. L'organisme la synthétise sous l'effet des rayons ultraviolets du Soleil.

LA VITAMINE E

- Fonctions : antioxydante, elle a une action antivieillissement, favorise la nutrition des cellules nerveuses et musculaires, protège les vaisseaux.
- Signes d'insuffisance : troubles intestinaux.
- Où la trouver : huiles végétales, céréales entières, germes de blé, légumes à feuilles vertes, noix, amandes.

LA VITAMINE K

- Fonctions : antihémorragique, métabolise les sels minéraux et intervient sur la minéralisation osseuse.
- Signes d'insuffisance : carence rarissime.
- Où la trouver : foie de porc, viande, choux, épinards.

LA VITAMINE C

- Fonctions : antioxydante et anti-infectieuse, elle est antifatigue et antistress, stimule les défenses de l'organisme, favorise l'absorption du fer, participe à l'élaboration du collagène et favorise la cicatrisation.
- Signes d'insuffisance : fatigue, perte d'appétit, plus grande fragilité aux infections.
- Où la trouver : agrumes, fruits (oranges, kiwis), choux, tomates, poivrons, pomme de terre, persil.

LA VITAMINE B1

- Fonctions : favorise la métabolisation des glucides, le bon fonctionnement des muscles et du système nerveux.
- Signes d'insuffisance : perte d'appétit, anorexie, problèmes gastriques, troubles nerveux et de la mémoire.
- Où la trouver : levures, céréales complètes, germes de blé, abats, viande de porc, jaune d'œuf, pois, lentilles, fèves.

LA VITAMINE B2

- Fonctions : facteur de croissance, de régénération cellulaire et d'équilibre nerveux.
- Signes d'insuffisance : lésions de la peau et des muqueuses, inflammation de la bouche.
- Où la trouver : viande, foie, céréales, champignons, fromage, œufs, produits laitiers.

LA VITAMINE B3 (OU PP)

- Fonctions : protège la peau, contribue à la production de l'énergie nécessaire au fonctionnement cellulaire.
- Signes d'insuffisance : peau sèche, irritée, troubles digestifs, fatigue.
- Où la trouver : levure, foie, viande, poisson, germes de blé, fruits et légumes secs, riz complet.

LA VITAMINE B5

- Fonctions : intervient dans la beauté et la santé de la peau, des cheveux et des ongles, des muqueuses. Elle régularise le système nerveux.
- Signes d'insuffisance : exceptionnelles céphalées et nausées.
- Où la trouver : foie, jaune d'œuf, viande, champignons, céréales complètes, légumes.

LA VITAMINE B6

- Fonctions : joue le rôle essentiel dans l'activité des cellules, intervient dans la synthèse de l'hémoglobine.
- Signes d'insuffisance : rares. Stress, anxiété, peau irritable, anémie.
- Où la trouver : foie, poisson, viande, chou-fleur, haricots verts, avocats, fromage, banane.

LA VITAMINE B8 (OU H)

- Fonctions : intervient dans le métabolisme des sucres et des graisses. Assure le bon état de la peau des cheveux et des cellules nerveuses.
- Signes d'insuffisance : rares anorexies, vomissements, alopécie.
- Où la trouver : foie, champignons, lentilles, maïs, haricots, œufs, poisson, viande.

LA VITAMINE B9

- Fonctions : joue un rôle important dans l'élaboration des cellules sanguines. Assure la croissance, la cicatrisation, l'absorption des vitamines dans l'intestin grêle.
- Signes d'insuffisance : troubles digestifs, diarrhées, nausées, anémie, irritabilité, troubles du sommeil.
- Où la trouver : foie, abats, œufs, épinards et nombreux légumes verts, champignons, huîtres.

LA VITAMINE B12

- Fonctions : contribue à la croissance, à la formation des globules rouges, à la production d'anticorps, protège les cellules nerveuses. Antifatigue et stimulante.
- Signes d'insuffisance : pâleur, essoufflement, anémie, troubles du système nerveux, fourmillement, engourdissements.
- Où la trouver : abats, foie, rognons, poisson, viande de bœuf, crustacés, œufs.

EN PRATIQUE

RITUEL POUR RENFORCER
UN COMPLÉMENT ALIMENTAIRE

Sachez qu'il est tout à fait possible de renforcer en énergie un complément alimentaire. En faisant cela, vous multipliez par deux son pouvoir énergétique. Alors, pourquoi s'en priver ?

1. Placez-vous devant une table, le dos au nord.

2. Posez devant vous vos vitamines ou votre complément alimentaire.

3. Placez vos mains 10 centimètres au-dessus de vos vitamines.

4. Récitez ou lisez à haute voix le psaume de David n° 37 en entier, tout en visualisant votre énergie qui se transmet de vos paumes de main directement à vos vitamines ou à votre complément alimentaire.

5. Après cinq minutes de magnétisme, vous pouvez prendre vos vitamines.

5

ATTIRER LA CHANCE ET LE SUCCÈS

Les vœux

Maintenant que vous vous êtes débarrassé des ondes négatives, que vous avez également une habitation saine, libérée elle aussi des ondes négatives, et surtout un corps au top énergétiquement, je voudrais vous dire que vous êtes prêt à déclencher la chance dans votre vie. Et pour ce faire, il y a plusieurs façons d'agir.

La plus connue repose sur l'usage des vœux. Il y a de multiples occasions dans la vie de tous les jours.

Amusement, superstition ou réalité ? Toujours est-il que chacun de nous a entendu dire au moins une fois qu'il fallait faire un vœu après le passage d'une étoile filante ou d'une pie. Pour ma part, je pense que la force de pensée et l'intensité de la croyance que vous placerez dans votre vœu seront déterminantes pour sa réalisation.

Voici quelques occasions de faire des vœux, parmi les plus connues ou les plus répandues.

L'ÉTOILE FILANTE

Il suffit, dans le courant du mois d'août, de pouvoir suivre des yeux une étoile filante traverser le ciel ; à ce moment précis il ne vous restera plus qu'à faire un vœu. Si par bonheur vous en voyez plusieurs, il est recommandé de faire un vœu également pour une cause humanitaire.

L'ARC-EN-CIEL

Il porte bonheur quand il est bien dessiné dans le ciel ; si vous passez à ses côtés ne manquez jamais de le saluer en faisant un vœu…

LE FEU

Si vous possédez une cheminée, vous pouvez faire ce rituel. Un jour de pleine lune ou de nouvelle lune, inscrivez un vœu sur un morceau de papier. Roulez-le puis jetez-le dans le feu. Si votre papier monte dans la cheminée en brûlant, votre vœu se réalisera. Si votre papier monte à demi consumé, votre vœu aura beaucoup de mal à se réaliser. Si votre papier monte dans la cheminée sans être brûlé ou très peu, votre vœu ne pourra pas être exaucé.

LE LIVRE SACRÉ

Les gitans ont pour habitude de glisser des papiers contenant un vœu entre les pages du livre sacré se trouvant dans les cathédrales. Si vous voulez que votre vœu se réalise, faites de même. Attention, tous les livres sacrés ne sont pas accessibles. Vous pouvez renforcer votre vœu en posant une main sur le livre et en faisant une prière.

LES PIERRES

Le jour de la Toussaint, aux abords d'un cimetière, creusez un trou dans lequel vous allumerez un feu, puis entourez ce trou de pierres. Inscrivez vos initiales sur une pierre blanche et jetez-la dans le feu en faisant un vœu.

Le lendemain, si la pierre est intacte votre vœu se réalisera. Si elle a disparu, si elle est éclatée ou abîmée, votre vœu aura beaucoup de mal à se réaliser.

LES BOUGIES

Le jour de la pleine lune, allumez trois bougies formant un triangle dirigé vers le nord. Récitez trois « Notre Père » et faites un vœu.

Utilisez des bougies roses pour un vœu sentimental, orange pour un vœu de réussite professionnelle, vertes pour un vœu de réussite financière et parme pour un vœu de protection.

LE PREMIER FRUIT

Il est de coutume de faire un vœu quand on mange le premier fruit de l'année.

LES PIES

Il est de coutume également de faire un vœu quand on croise deux pies côte à côte sur le bord d'un chemin.

LES CILS

Tout le monde s'est déjà amusé à faire un vœu après avoir trouvé sur quelle joue un cil était tombé, c'est sûrement une des pratiques de vœu les plus amusantes et les plus connues.

LE FER À CHEVAL

Il suffit de trouver soi-même un fer à cheval et de l'accrocher dans sa maison pour qu'il porte bonheur.

LE TRÈFLE À QUATRE FEUILLES

Il suffit de trouver soi-même un trèfle à quatre feuilles et de le mettre dans son portefeuille pour qu'il porte chance.

LE SUCRE

Voici un petit rituel très simple pour avoir toujours un peu d'argent à portée de main. Ce rituel n'est pas fait pour gagner au loto, simplement pour être sûr d'avoir toujours un minimum d'argent sur soi ou de ne jamais manquer d'argent de poche.

1. Pour commencer, vous devez acheter dans le commerce un petit pot en verre, de type minibocal.
2. Vous devez le nettoyer et le purifier en le lavant avec de l'eau de Floride (Agua de Florida).
3. Lorsqu'il est sec, vous devez prendre un billet de 10 euros de votre portefeuille puis le passer dans la fumée de l'encens de votre choix en formant sept cercles représentant vos sept chakras.
4. Posez le billet dans le pot de verre et ajoutez-y trois petites pierres de citrine.
5. Remplissez le pot de sucre en poudre aux trois quarts (il est important de ne pas remplir le pot à ras bord pour pouvoir secouer son contenu).
6. Fermez bien le pot et secouez-le afin d'activer la magie.
7. Récitez ou lisez à haute voix le psaume de David n° 22 en entier.

Il est important de secouer le pot de verre tous les jours pendant sept jours et de consolider votre vœu en répétant votre prière.

EN PRATIQUE

COMMENT
BIEN FAIRE UN VŒU

C'est très simple : vous devez y mettre toute votre sensibilité et votre croyance.
Je le dis et je le répète, ne faites pas de vœu juste pour vous amuser. Soyez convaincu de la force et de la puissance de cette action magique.

Oui, je parle bien d'action magique, car tout ce que nous réalisons par la force de la pensée concerne d'une certaine façon un plan magique. Je pars toujours du principe que tout est magique autour de nous.
C'est bien pour cela que rien n'est anodin.

En clair, utilisez la force qui sommeille en vous, réveillez vos pouvoirs et mettez-les en action. Il ne vous aura pas échappé que j'utilise souvent le mot « déclencher » ; c'est bien de cela qu'il s'agit.
Déclenchez une énergie magique capable de réaliser facilement vos vœux.

6

ATTIRER LA CHANCE ET LE SUCCÈS

Les croix et les médailles

Savez-vous que les croix et les médailles peuvent vous porter bonheur et vous protéger ? Mais, attention : si vous avez décidé de porter une médaille, il est important de se sentir concerné et en accord avec le bijou pour en tirer le meilleur parti. Sinon, inutile de le porter, il ne servira à rien, et pourrait même, au contraire, vous perturber.

Quoi que l'on puisse en dire, les porte-bonheur eux aussi portent chance et sont très efficaces. Seulement, quel que soit le porte-bonheur choisi, cet objet désigné en tant que tel ne pourra jamais vous apporter quoi que ce soit tout seul.

En fin de compte, si l'on veut être précis, ce n'est pas l'objet lui-même qui vous apportera le bonheur. Une fois de plus, c'est la croyance et le pouvoir que vous voudrez bien lui accorder qui agiront sur votre succès.

Un porte-bonheur qui donne des résultats est celui que vous avez chargé régulièrement de toutes vos pensées positives. Plus vous serez persuadé que cet objet vous porte bonheur, plus il vous portera chance.

En conclusion, il est donc totalement inutile de se munir d'un porte-bonheur, d'une part, si vous n'y croyez pas, et d'autre part, si vous ne chargez pas votre porte-bonheur tous les jours de vos pensées positives.

Les porte-bonheur ou gris-gris existaient déjà à l'époque de la préhistoire, sous formes de colliers de dents d'animaux divers. Les hommes des cavernes les portaient autour du cou pour leur donner de la force et du courage pour aller chasser.

En Égypte, du temps des pharaons, le pendule égyptien, qui est d'ailleurs un objet divinatoire encore utilisé de nos jours, servait à protéger son porteur et à déclencher la chance.

Dans les pays nordiques, la rune Algiz était très régulièrement utilisée sur les armes de guerre pour protéger les Vikings des combats. Bref, les porte-bonheur existent depuis la nuit des temps et n'ont pas fini d'exister.

Voici quelques exemples de croix et de médailles porte-bonheur.

La croix catholique
Elle protège de tout.

La croix d'Ankh
Elle protège la santé et assure une longue vie.

La médaille de saint Christophe
Patron des voyageurs, saint Christophe protège des accidents.

Les porte-bonheur ou gris-gris existaient déjà à l'époque de la préhistoire, sous formes de colliers de dents d'animaux divers.

La médaille de saint Benoît
Contre les embûches et les malices, saint Benoît protège de tout et surtout du mauvais œil.

La médaille de sainte Rita
Cette médaille protège la famille.

La médaille de saint Michel
Saint Michel protège des envoûtements et du mal.

La médaille de saint Raphaël
Saint Raphaël protège des dangers de l'eau, du feu et de la foudre.

La médaille de saint Gabriel
Saint Gabriel apporte la paix, la bonne santé et la réussite dans vos entreprises.

La main de Fatma
Cette amulette protège du mauvais œil et des mauvais sorts.

L'étoile de David
Elle apporte la protection du messie et du roi David.

L'Œil d'Horus
Elle apporte la paix et la protection

Si vous voulez porter une médaille ou une croix, sachez ceci : on ne porte pas une médaille de manière ostentatoire sur une chemise ou un pull. On la porte pour soi, directement sur la peau avec une chaîne suffisamment longue pour que la médaille puisse se trouver au niveau du plexus solaire. C'est à cet endroit, et seulement là, qu'elle sera le plus efficace et qu'elle rayonnera le plus.

7

ATTIRER LA CHANCE ET LE SUCCÈS

La chance et les dix jours qui suivent la nouvelle lune

Depuis toujours, la Lune nous fascine et nous intrigue. Hormis l'action de la Lune sur les marées et notre jardin potager, une très ancienne croyance dit des dix jours qui suivent la nouvelle lune qu'ils ont un effet sur la chance… ou le mauvais sort. Voici le détail de ces dix jours ainsi que leur signification.

Sur un calendrier, la nouvelle lune est représentée par un rond noir (à ne pas confondre avec la pleine lune). À la fin de ce chapitre, vous allez également découvrir comment réaliser un vœu toujours grâce à la nouvelle lune. Mais attention, comme pour toute chose, il faut y croire et mettre tous les atouts de votre côté.

1er jour

Il est bénéfique pour tout ce qu'on commence. Si vous démarrez un commerce, si vous vous mariez, si vous avez une démarche à faire auprès d'une administration ou d'un employeur, si vous devez emprunter auprès de votre banque, il faut choisir ce jour-là. Les enfants qui naissent le premier jour après la nouvelle lune seront heureux et prospères tout au long de leur vie.

2e jour
C'est celui des bonnes nouvelles, parfois inattendues. On peut également se lancer dans de nouvelles entreprises ce jour-là. Vous avez davantage de chance de gagner qu'à l'ordinaire aux jeux de hasard. Les personnes que vous rencontrez risquent de jouer un rôle important dans votre vie (amitié, amour, association, tout est possible).

3e jour
Tout paraît plus difficile. On prend du retard dans son travail, on subit toutes sortes de problèmes minimes, mais énervants. Le moindre problème paraît très compliqué alors qu'il suffit d'un rien pour le résoudre.

4e jour
Vous voulez déménager, acheter un nouvel appartement ou une maison de campagne ? Faites-le ce jour-là, car il est heureux pour tout ce qui touche à la terre et à l'immobilier. C'est un jour idéal pour investir car les actions achetées en Bourse vont grimper.

5e jour
Après le jour de l'argent, voici celui des sentiments. Les couples qui veulent un enfant devraient le concevoir ce jour-là. Si les amoureux se fixent leur premier rendez-vous, il sera suivi de bien d'autres. C'est également le jour de la tendresse et du confort, un jour excellent pour tout ce qui touche à la maison, à la famille, au cadre de vie.

6e jour
Bon pour les récoltes. À la saison de la pêche et de la chasse, on ne revient jamais bredouille. Les herboristes en profitent pour cueillir les herbes médicinales. On ramasse également les fruits et on en fait des conserves ou des confitures de grande qualité.

7e jour
Le jour où l'amour règne en maître, surtout si ce jour est un lundi ou un vendredi : on tombe facilement amoureux. Les personnes qui ont un I ou un C dans leur nom sont favorisées, car ces deux lettres peuvent jouer un rôle bénéfique pendant ce 7e jour.

8e jour
Attention à votre santé : il y a des rechutes ou des complications à craindre. Les automobilistes doivent redoubler de prudence.

9e jour
Ne montrez pas votre visage à la Lune, elle abîme les traits et fait vieillir précocement. Si vous le pouvez, évitez de sortir cette nuit-là : elle est chargée de maléfices. Ne signez rien d'important ce jour-là.

10e jour
C'est le jour des surprises. Il se produit des événements inattendus, des rencontres cocasses, des coups de théâtre. Si c'est votre anniversaire, attendez-vous à une année pleine d'imprévus et de retournements de situation. Vous allez déménager, rencontrer un nouvel amour, changer d'emploi, à moins même qu'on ne vous offre une opportunité dans une autre région.

LES EFFETS DE LA LUNE CROISSANTE (DE LA NOUVELLE LUNE VERS LA PLEINE LUNE)

Elle stimule les mouvements d'eau dans les plantes et donc le transport des éléments nutritifs. Elle contribue à une augmentation des rendements. Elle accentue la sensibilité à certaines maladies.

Elle augmente la vitalité des plantes. Les fleurs tiennent plus longtemps en vase. Les fruits et les légumes se conservent plus longtemps après la cueillette.

LES EFFETS DE LA LUNE DÉCROISSANTE (DE LA PLEINE LUNE VERS LA NOUVELLE LUNE)

Elle renforce la santé. Elle défavorise les rendements.

Elle exacerbe les odeurs, les saveurs, les couleurs, les propriétés médicinales et diététiques. Elle ne favorise pas la conservation des plantes récoltées.

LES EFFETS DE LA LUNE DÉCROISSANTE

Tous les objets, bijoux, cristaux, talismans, etc. exposés aux rayons de la pleine lune sont revitalisés. Dans certaines civilisations, on expose les malades sur des lits à l'extérieur pour qu'ils prennent un bain de pleine lune. Attention, par contre, à ne jamais laisser du linge sécher dehors une nuit de pleine lune car il risque de prendre un coup de lune et de se décolorer. La pleine lune accentue également le stress et l'angoisse. Voici un moyen mnémotechnique pour reconnaître d'un seul coup d'œil la lune croissante et décroissante : regardez la lune et imaginez une barre verticale du côté creux du croissant. Si vous pouvez former un « p », la lune est en période de premier quartier, elle est donc croissante. Si vous pouvez former un « d », la lune est en période de dernier quartier, elle est donc décroissante.

Nés à la nouvelle lune
Ils sont souvent un peu timides, réservés, inconscients et surtout rêveurs. On pourrait les croire sournois, mais ils sont plutôt discrets, émotifs et sensibles. Il n'est pas rare que ces personnes fassent une projection de leurs rêves et de leurs idéaux. Si vous êtes né un jour ou deux avant la nouvelle lune, vous êtes doté d'un esprit créatif, inventif, de la veine des savants.

Nés en lune croissante
Ils sont créatifs et très instinctifs. Ce sont des poètes et des écrivains dans l'âme. Ils doivent faire attention à ne pas prendre trop souvent leurs rêves pour des réalités. Malgré une imagination féconde et un esprit très vif, leur trop-plein d'énergie pourra également très souvent leur jouer des tours.

Nés en lune décroissante
Ils ont une activité plus concrète et une personnalité très affirmée. Ils sont déterminés et savent ce qu'ils veulent. Atteindre leur but ne sera pas toujours chose facile, mais pas insurmontable. Il leur faudra du courage et de la détermination pour finir au bout du compte par obtenir ce qu'ils cherchent.

Nés à la pleine lune
Ce sont des êtres pondérés ou de grands humanistes. Ils ont une très forte sensibilité et peuvent avoir de vrais traits de génie. Si vous êtes né un jour ou deux avant la pleine lune, vous devriez avoir beaucoup de chance dans la vie.

EN PRATIQUE

RITUEL

DU BAIN DE PLEINE LUNE

Un soir de pleine lune, préparez-vous à prendre un bain. Vous pouvez prendre ce bain en extérieur dans un lac, un étang, au bord de mer ou dans une piscine si les conditions météorologiques le permettent.

Vous pouvez prendre ce bain également en intérieur dans votre salle de bains, si vous avez une fenêtre qui donne sur la baignoire. Si la Lune n'est pas visible de la fenêtre, privilégiez un bain en extérieur.

Pour profiter des énergies de la Lune, vous devez vous baigner en laissant simplement les rayons se répandre sur vous. À ce moment, vous devez imaginer les rayons de la Lune envahir votre esprit, votre corps et votre cœur.

La Lune réveillera au passage votre intuition, vous rendra plus réceptif et plus sensible à tout ce dont vous avez besoin. Vous pouvez également compléter votre bain de lune par un vœu. Faites le vœu de votre choix, mais n'oubliez pas qu'il doit être facilement réalisable.

Pour finir, sortez de l'eau et prenez le temps de bien profiter des effets bénéfiques de ce rituel avant de vous rhabiller.

8

ATTIRER LA CHANCE ET LE SUCCÈS

Les arts divinatoires

Dans ce chapitre, nous allons parler de plusieurs supports divinatoires qui tiennent une place très importante dans le monde de l'ésotérisme : il s'agit des dominos, du tarot, de l'astrologie et des runes. Ces supports vont vous permettre d'en savoir un peu plus sur vos chances de succès. Alors, laissez-vous guider et entraîner dans la magie des arts divinatoires.

LES DOMINOS DÉRIVÉS DU MAH-JONG

Ce jeu de société est constitué de vingt-huit pièces à deux parties. Chaque partie contient un nombre de points et peut être combinée à un autre domino. Ce jeu de société dérivé du mah-jong a été détourné en support divinatoire par les peuples asiatiques.

Voici comment l'utiliser pour découvrir votre chance journalière : disposez les vingt-huit dominos face cachée devant vous. Pensez fortement à votre journée et tirez ensuite un seul domino.

Il est important de ne pas tirer les dominos plus d'une fois par semaine, car les messages risqueraient de perdre leur signification.

Sachez que vous ne pouvez malheureusement pas poser de questions précises aux dominos. Votre tirage vous donnera donc seulement une sorte de météo divinatoire de votre journée. Mais c'est déjà beaucoup, alors faites-le sérieusement tout en respectant votre support divinatoire.

Comme pour tout support divinatoire, il est bon de consacrer votre jeu uniquement à cette fonction. Si vous voulez qu'il continue à vous parler dans le temps, alors utilisez vos dominos uniquement pour de la voyance.

SIGNIFICATION CACHÉE DES DOMINOS

6/6 Succès dans une spéculation d'argent, union et association.
Vous avez le vent en poupe, aujourd'hui vous pouvez agir en toute sérénité.

6/5 Récompense pour celui qui poursuit son effort.
L'avenir est devant vous, alors ce n'est pas le moment de faiblir, ouvrez plutôt les yeux.

6/4 Vie heureuse, très bonne journée.
Le soleil brille au-dessus de votre tête, vous pouvez tout vous permettre et tout demander, vous serez écouté.

6/3 Excellent pour l'amour, la fortune et le bonheur.
C'est une journée placée sous le signe de l'amour avec un grand A, avec la révélation de sentiments de la part d'une personne proche.

6/2 Grande chance en affaires.
C'est le moment ou jamais pour négocier une augmentation ou lancer un nouveau projet, les astres sont avec vous.

6/1 Journée très heureuse.
Presque tout vous est permis. Alors lâchez-vous et profitez pleinement de ces moments de bonheur qui sont si rares.

6/0 Aujourd'hui, malchance en affaires.
C'est le moment de savoir dire non ou stop. Pas de dépenses inconsidérées ni de placements approximatifs.

5/5 Réussite dans toutes vos entreprises.
Tout marche cinq sur cinq, vous avez de la chance alors sachez la saisir. C'est le moment de vous lancer dans de nouvelles aventures.

5/4 Mauvais jour pour les affaires.
Les jours passent mais ne se ressemblent pas, pour une fois. Attendez de meilleurs jours pour conclure des affaires.

5/3 Confort matériel.
Le destin tourne en votre faveur, vous avez les clés de la réussite en main, à vous de savoir en tirer les avantages.

5/2 Mauvais jour pour les affaires et les amours.
Rien ne va plus, c'est le moment de faire le dos rond et d'attendre de meilleurs jours. Attention aux disputes !

5/1 Vie sociale pleine et heureuse, mais pas pour l'argent.
Sur le plan social, vous avez toutes les chances de réussite de votre côté, mais effectivement, il n'en sera pas de même pour le reste.

5/0 Attention aux gens malhonnêtes.
Vous devez vous méfier de votre entourage. N'y a-t-il pas une personne qui cherche à profiter de vous en ce moment ?

4/4 Journée de réussite en tout.
Pas grand-chose à dire, tout vous tombera tout cuit du ciel. Profitez-en pour signer des contrats ou mettre en place de nouveaux projets.

4/3 Association, bonheur et réussite.
Combinaison gagnante, cela pourrait vous donner des idées pour tenter votre chance...

4/2 Journée de grand changement.
C'est le moment de tourner la page et de faire table rase du passé. Vive le changement et vive l'avenir !

4/1 Prospérité.
Vous avez de la chance aujourd'hui, vous pouvez tout vous permettre car tout fonctionnera systématiquement.

4/0 Agitation et déception.
Vous risquez de faire beaucoup de vent pour pas grand-chose. Le mieux va être de se poser en attendant demain. Il y a des jours, il faut savoir se résigner.

3/3 Richesse à venir, sans pour autant trouver le bonheur.
Un jour particulier où la chance peut vous sourire, mais pas de

façon flagrante. Des petits bonheurs ou des clins d'œil du destin.

3/2 Aujourd'hui, achat important, spéculation ou voyage.
C'est le jour pour programmer ou réserver son voyage et ses vacances. Vous pouvez aussi prendre la décision d'acheter un appartement ou une nouvelle voiture ce jour.

3/1 Attention, danger dans tous les domaines.
Aujourd'hui, le mot d'ordre, c'est « tous aux abris ». Ne cherchez pas les disputes ou la bagarre, vous allez perdre.

3/0 Journée à disputes, amitié non partagée.
On prend les mêmes que pour le tirage 3/1 et on recommence. Sauf qu'en plus, aujourd'hui, il n'est pas question de compter sur vos amis, ils répondront tous absents.

2/2 Réussite dans les affaires et dans la vie privée.
La réussite marque fortement cette journée, surtout dans le domaine professionnel ou celui de l'argent. Des rentrées inattendues peuvent venir embellir ce jour.

2/1 Associations heureuses pour la journée.
Voilà un jour où vous pouvez compter sur tout le monde, amis, famille, camarades de travail, etc. Vous pouvez même penser à créer une association ou un projet avec l'un deux.

2/0 Ennuis répétés toute la journée.
Parfois, on dit qu'il vaut mieux rester sous la couette. C'est un peu le climat de cette journée où rien ne vous réussira. Demain sera un meilleur jour.

1/1 Chance, réussite en amour et en affaires.
La chance va vous sourire et, comme elle ne frappe pas qu'une fois dans la journée, vous allez pouvoir en profiter pleinement quarante-huit heures non-stop.

1/0 Succès trop rapide, attention.
Il faut se méfier des choses qui arrivent trop facilement ou trop rapidement. Retenez bien cette leçon, car elle va s'appliquer à votre journée.

0/0 Grande déception dans tous les domaines.
C'est le pire des tirages que vous pouvez faire. On peut dire que ce n'est pas votre jour. Allez, ce n'est pas si grave, le soleil brillera demain.

EXEMPLES DE TIRAGE

Question : aujourd'hui, je demande un prêt immobilier. La réponse sera-t-elle positive ?
Domino tiré : 2/2, réussite dans les affaires et dans la vie privée. La réussite marque fortement cette journée, surtout dans le domaine professionnel ou celui de l'argent. Des rentrées inattendues peuvent venir embellir ce jour.
Analyse : la réponse sera donc positive et il pourrait même y avoir une belle surprise à la clé, comme un montant un peu plus élevé accordé ou un bonus. Bref, pas de souci à se faire, ce sera donc une belle journée très positive.

Question : aujourd'hui, je voudrais inviter une jeune femme pour une soirée en tête à tête.
Domino tiré : 5/2, mauvais jour pour les affaires et les amours. Rien ne va plus, c'est le moment de faire le dos rond et d'attendre de meilleurs jours. Attention aux disputes !
Analyse : apparemment, ce n'est pas le bon jour pour ce type de soirée. Il vaut mieux attendre un moment plus propice pour faire votre invitation.

Question : je pense demander une augmentation. La réponse sera-t-elle positive ?
Domino tiré : 2/1, associations heureuses pour la journée.
Voilà un jour où vous pouvez compter sur tout le monde, amis, famille, camarades de travail, etc. Vous pouvez même penser à créer une association ou un projet avec l'un deux.
Analyse : belle journée en perspective, vous avez de la chance car votre demande pourra voir le jour et vous pourrez compter sur vos amis pour vous soutenir et vous aider.

EN PRATIQUE

RITUEL

DU MAH-JONG

1. Comme pour le tirage du mah-jong indiqué page 79, je vous invite à tirer un domino. À noter que, pour ce rituel, il est indispensable que vous possédiez un jeu de dominos.

2. Une fois votre domino tiré, vous devez le glisser dans votre porte-monnaie.

3. Choisissez le psaume de David ou l'extrait de l'Exode au début de ce livre (voir pages 20 à 37) qui vous semble le plus adapté à votre vœu.

4. Récitez ou lisez à haute voix la prière que vous avez choisie, et terminez en demandant la réalisation de votre vœu aux forces universelles.

5. Gardez le domino dans votre porte-monnaie jusqu'à la réalisation de votre vœu.

LE TAROT DE MARSEILLE

Les tarologues utilisent généralement uniquement les vingt-deux arcanes (ou lames) majeurs dans leurs tirages, par choix, car ils contiennent l'ensemble des informations du tarot. Pour bien interpréter le tarot, il n'est pas nécessaire d'avoir un don. L'intuition qui existe en chacun de vous ne demande qu'à servir. Apprenez à être à son écoute. De nombreuses superstitions entourent le tarot; chacun est libre d'y attacher l'importance qu'il voudra. Il est toutefois indispensable de respecter quelques règles de base.

L'interprétation doit se faire dans une atmosphère calme, dans un climat de rituel, sans aucun témoin. Aucune des vingt-deux lames ne doit être retirée du jeu et toute lame tirée doit être interprétée. Pour finir, ne prêtez jamais votre jeu de tarot car il doit se charger seulement et uniquement de votre magnétisme.

Je vous propose d'interroger le tarot sur votre chance sur le plan financier. Le principe : tirez une seule lame du Tarot de Marseille. En effet, une lame de Tarot peut vous en dire long sur votre avenir. Pour ce faire, disposez les vingt-deux lames majeures du Tarot de Marseille face cachée devant vous en arc de cercle, et tirez-en une seule.

Si vous n'avez pas de jeu de Tarot de Marseille, voici une autre solution pour pouvoir quand même tirer les cartes : pensez fortement à votre chance sur le plan financier et choisissez une lettre entre A et V inclus (sans faire de référence à des initiales). Vous venez d'établir votre tirage de Tarot de Marseille; référez-vous à ce tableau pour connaître votre avenir.

A	Le Bateleur	G	Le Chariot	M	L'Arcane sans Nom	S	Le Soleil
B	La Papesse	H	La Justice	N	La Tempérance	T	Le Jugement
C	L'Impératrice	I	L'Hermite	O	Le Diable	U	Le Monde
D	L'Empereur	J	La Roue de Fortune	P	La Maison Dieu	V	Le Mat
E	Le Pape	K	La Force	Q	L'Étoile		
F	L'Amoureux	L	Le Pendu	R	La Lune		

Le Bateleur, lettre A

Vous voici actuellement dans une période que l'on peut qualifier de très positive. Vous aurez même les capacités requises pour mettre tous les atouts de votre côté. Rien ne sera épargné et la chance vous sourira dans tous les domaines. Attention quand même à ne pas flamber dans les jeux d'argent car vous pourriez dépenser beaucoup plus que prévu sans en retirer un très grand bénéfice.

La Papesse, lettre B

Vous êtes reconnu comme une personne prévoyante. Cela vous met donc directement à l'abri de tout souci financier. D'ailleurs, vous savez tellement bien gérer vos finances que vous ne prenez que très rarement des risques sur des placements. Vous pourriez également avoir de la chance aux jeux en général, car vous avez le vent en poupe.

L'Impératrice, lettre C

Le moins que l'on puisse dire, c'est que, en ce moment, vous avez un sens de l'organisation très développé. Inutile de vous demander de dépasser le budget que vous vous êtes fixé, c'est peine perdue. Inutile également de vous dire de suivre certains conseils, vous n'en ferez qu'à votre tête. Alors dans ces conditions, il ne vous reste plus qu'à investir dans la chance selon la limite que vous avez déterminée.

L'Empereur, lettre D

Depuis quelque temps, vous avez attrapé le virus des personnes qui calculent et contrôlent tout. S'il vous plaît, retrouvez un peu de folie et d'envie de décrocher le jackpot. Ce n'est pas en agissant ainsi que vous allez voir la chance vous sourire. Donnez-vous les moyens de faire changer les choses positivement. Changez votre façon de penser, allez de l'avant et pensez positivement. Vous avez tout à y gagner.

Le Pape, lettre E

En ce moment, une seule chose vous préoccupe vraiment, c'est la rentabilité de vos placements. Le reste vous passe largement au-dessus. Telle une fourmi, vous avez comme objectif de faire le plus d'économies possible. Inutile donc de tenter votre chance dans des jeux de hasard et encore moins dans des casinos. Si la chance doit venir vers vous, elle finira par arriver, mais d'une tout autre manière.

L'Amoureux, lettre F

Vous êtes dans une période où vous tenteriez bien votre chance, mais votre mental vous retient et fait barrage à votre intuition. Arrêtez de vous mettre des barrières là où il n'y en a pas besoin. Sachez que vous avez un réel potentiel de chance en vous, il suffit simplement d'y croire et d'être pour une fois un peu plus à l'écoute de votre intuition.

Le Chariot, lettre G

La chance est là, au bout de vos doigts, alors foncez. Cette période va marquer pour vous un changement, surtout dans le domaine professionnel. Vous savez comme moi que la chance peut se nicher dans tous les domaines, alors c'est le moment de demander une augmentation de salaire, un stage ou une mutation, car tout vous réussira.

La Justice, lettre H

Vous êtes un joueur de type organisé et structuré. Et vous avez raison, puisque cela vous réussit. Il y a d'ailleurs fort à parier que les jours qui vont venir seront porteurs de bonnes nouvelles. Vous avez un contrat à signer ? Foncez. Vous avez une acquisition à faire ? C'est le moment. Vous devez passer un concours ou faire des démarches administratives ? Allez-y sans réfléchir car tout vous réussira.

L'Hermite, lettre I

Vous êtes totalement en repli sur vous-même en ce moment. La chance n'a pas l'air d'être votre sujet de préoccupation. Vous êtes déjà très heureux avec ce que vous avez et vous ne semblez pas avoir besoin d'autre chose. Ce n'est qu'un passage, vous allez très vite réagir et vous intéresser de nouveau en particulier aux placements financiers à long terme car vous avez bien compris que le temps joue pour vous.

La Roue de Fortune, lettre J

Que d'opportunités pour vous en ce moment ! Vous semblez avoir bien compris les rouages de la chance et la façon de la déclencher. Bravo, continuez comme cela car ce n'est pas près de s'arrêter. Vous avez mis en éveil toutes vos intuitions et vous êtes en train de récolter tout ce que vous avez semé les années précédentes. Avec encore un peu de confiance, vous serez même capable d'aller plus loin.

La Force, lettre K

Si je vous dis que vous venez de tirer la carte de la chance par excellence, allez-vous me croire ? Elle annonce de la réussite non seulement pour vous mais également pour votre entourage. Alors, un seul conseil, profitez bien de cette période faste pour faire tout ce que vous voulez et pour vous accorder tout ce qui vous fera plaisir. Inutile d'attendre pour être heureux, saisissez la chance tant qu'elle est présente.

Le Pendu, lettre L

Bon, on va dire que vous n'êtes pas dans la meilleure période possible pour déclencher la chance autour de vous. Il y a des périodes comme cela ou rien ne va et dans ce cas, il n'y a qu'une chose à faire : attendre des jours meilleurs. Vous le savez comme moi, la roue tourne toujours, donc inutile de broyer du noir en vous apitoyant sur votre sort. En attendant, profitez-en pour faire le point sur vous et votre façon de rechercher la chance.

L'Arcane sans Nom, lettre M

Vous êtes en train de traverser une période de restructuration complète. Voyez cette transformation sous un bon œil et comme la chance d'un nouveau départ qui s'offre à vous. Donnez-vous les moyens de le vivre pleinement et positivement. Cherchez à mettre à profit cette période car elle ne se présente que rarement. À noter que cette période peut intervenir aussi bien sur le plan professionnel que sentimental.

La Tempérance, lettre N

Vous êtes actuellement dans une période où vous avez envie d'apprendre. Alors je vous recommande de mettre cette période à profit pour développer votre intuition et votre sens de la communication. En effet, bien communiquer et bien se faire comprendre aident souvent à déclencher la chance. Nul doute qu'après cette petite mise au point, vous allez briller et attirer le succès vers vous. À vous de jouer.

Le Diable, lettre O

Vous fonctionnez face à l'argent avec beaucoup d'ambition et rien généralement dans la vie ne vous fait peur. C'est une façon de faire qui peut se comprendre, mais attention quand même car elle a ses limites. Alors, révisez ce fonctionnement en mettant un peu plus de tempérance dans vos investissements, car vouloir gagner de l'argent, c'est bien, mais prendre trop de risques ne sert à rien.

La Maison Dieu, lettre P

Vous devez impérativement éviter tous les jeux de hasard en ce moment. En effet, la période que vous traversez n'est pas favorable pour ce type de loisirs. Seuls les investissements immobiliers, les demandes de prêt pour des travaux peuvent obtenir gain de cause. Pour le reste, il faudra attendre une période plus favorable. Le mot d'ordre : investir seulement dans la pierre et rien d'autre.

L'Étoile, lettre Q

Vous êtes dans une période propice à l'abondance. Grand bien vous fasse, vous avez une bonne intuition en ce moment car vous êtes dans une période faste. Vous pouvez saisir les opportunités qui s'offrent à vous, qu'elles soient financières, professionnelles ou sentimentales. Et ce n'est pas tout, le ciel a décidé d'être généreux avec vous car cette période va durer plusieurs mois.

La Lune, lettre R

C'est le moment ou jamais de faire jouer votre intuition. En effet, seule votre intuition vous permettra de tirer profit de cette période en demi-teinte. Mettez votre entourage à contribution pour vous faire faire des exercices de développement des facultés psychiques. C'est seulement et uniquement en agissant de la sorte que vous pourrez espérer passer ce cap un peu perturbant.

Le Soleil, lettre S

Voilà enfin la chance qui pointe le bout de son nez. Du coup, tout vous est permis sans aucune restriction. Vous pourriez placer de l'argent, demander un prêt, vendre ou acheter un bien immobilier. Vous allez même trouver le moyen en plus de tout cela de gâter votre famille. Alors franchement, que demander de plus ?

Le Jugement, lettre T

Si vous pensiez ne pas avoir de chance, c'est le moment de changer d'avis car celle-ci va vous accompagner pendant une longue période. Un énorme cadeau pourrait bien tomber du ciel comme un don ou un héritage. À moins que vous ne vous découvriez un don pour trouver les bons numéros du loto ? Bref, c'est une période des plus fastes qui s'annonce pour vous. Je vous recommande donc d'être très attentif à tous les signes du destin.

Le Monde, lettre U

Cette carte marque l'étranger ou tout ce qui vient d'ailleurs. Il n'est pas exclu que la chance vous permette de gagner un voyage à l'étranger ou de trouver un travail à l'étranger, si c'est ce que vous cherchez. Sachez que, quoi qu'il arrive, la chance, la vraie, sera au rendez-vous. Vous allez juste avoir besoin de tendre la main pour qu'elle se manifeste.

Le Mat, lettre V

Je ne vais pas vous mentir, ce n'est pas en ce moment que vous allez faire des folies de votre argent. Au contraire, vous allez devoir jouer les économes en dépensant le moins possible. Il y aura des temps meilleurs, c'est certain et c'est ce qu'il faut se dire. En attendant, mettez votre temps libre à profit pour réviser les actions qui vous permettront de déclencher la chance quand la période sera plus propice.

EN PRATIQUE

RITUEL DE TAROLOGIE

1. Comme pour le tirage de tarot indiqué page 85, tirez une lame de Tarot de Marseille (il est indispensable que vous possédiez un jeu de tarot). Vous devez glisser la carte tirée entre vos deux mains jointes comme vous le faites pour prier. Mettez-vous également le dos au nord.

2. Choisissez le psaume de David ou l'extrait de l'Exode en début de ce livre (voir pages 20 à 37) qui vous semble le plus adapté à votre vœu. Récitez à haute voix la prière que vous avez choisie, et terminez en demandant la réalisation de votre vœu aux forces universelles.

LA NUMÉROLOGIE

La numérologie est maintenant tout à fait popularisée. Avant, dans les magazines, il n'y avait que la page horoscope pour connaître les influences de la semaine ou du mois. Aujourd'hui, il n'est pas rare de trouver aussi une page consacrée à la numérologie. Il faut savoir que la numérologie fait entièrement partie de notre vie et cela commence dès notre naissance avec notre date de naissance qui, une fois réduite à un seul chiffre entre 1 et 9, nous donne notre « chemin de vie ».

Vous allez maintenant découvrir une partie de votre destin, les influences des nombres sur vos capacités, vos atouts dans la vie, vos qualités professionnelles et vos chances dans tous les domaines grâce à ce chemin de vie. Pourquoi ? Tout simplement parce qu'il représente également vos chances dans tous les domaines pendant toute votre vie. Pour savoir quel est votre chemin de vie, rien de plus facile. Vous devez additionner tous les chiffres de votre jour de naissance, de votre mois de naissance et de votre année de naissance :

Exemple :
Sophie est née le : **10/12/1978**. (Attention, le 9 compte pour 0.)
Cela nous donne :
10 : 1 + 0 = 1 • **12** : 1 + 2 = 3 • **1978** : 1 + 9 + 7 + 8 = 16, 1 + 6 = 7
Soit : 1 + 3 + 7 = 11, 1 + 1 = 2
Sophie a donc pour nombre de vie le 2.

Grâce au chemin de vie, vous allez découvrir une partie de votre destin, les influences des nombres sur vos capacités, vos atouts dans la vie, vos qualités professionnelles et vos chances dans tous les domaines.

1 CHEMIN DE VIE 1

Le nombre 1 représente la volonté et le courage. Il donne une grande énergie pour mettre en œuvre tous les nouveaux projets. Il représente également la puissance et la force de réalisation. Ce nombre est celui des gagnants, des battants et des personnes qui savent prendre des risques.

- Les mots marquants : confiance en soi, inspiration, détermination et réalisation.
- Les jours de chance : 1, 10, 19, 28.
- Les mois de chance : janvier et octobre.

Si votre chemin de vie est le 1 : vous savez provoquer la chance car vous avez de la volonté et l'esprit d'initiative. Vous savez agir quand il le faut et prendre les bonnes décisions au bon moment. Vous avez également le tempérament d'un leader et les capacités pour mettre toutes sortes de projets sur pied.

Vous aurez de la chance en misant sur votre personnalité. Les professions où l'on crée, imagine, écrit et invente sont faites pour vous. Vous avez un fort potentiel dans tous ces domaines, alors à vous de les développer et de les mettre en application. Vous êtes fait pour avoir de la chance dans la sphère professionnelle, alors foncez et n'hésitez pas à mettre en place des choses nouvelles ou originales.

2 CHEMIN DE VIE 2

Le nombre 2 représente la patience et le temps. Il donne une énergie constructive mais toujours en association avec une autre personne. Il représente également les projets qui mettent du temps à se réaliser. Ce nombre est celui des personnes de l'ombre, qui ne cherchent pas spécialement à être exposées.

- Les mots marquants : association, union, patience et sens de l'organisation.
- Les jours de chance : 2, 11, 20, 29.
- Les mois de chance : février et novembre.

Si votre chemin de vie est le 2 : vous êtes un très bon second et cela vous convient parfaitement. Les feux de la rampe, ce n'est pas pour vous. Votre place se trouve en retrait ou dans l'ombre. Cela ne veut pas dire que vous n'aurez pas de chance. Bien au contraire, vous allez tirer votre force de cette position.

Vous aurez de la chance en vous associant, en créant une société ou une association, ou en montant un commerce. Votre potentiel pourra se développer mais seulement si vous fonctionnez en binôme. Les unions sentimentales sont largement favorisées, c'est d'ailleurs peut-être de là que vous pourriez tirer le plus de chance. Vous avez la bosse du commerce, et c'est dans ce domaine que la chance vous sourira le plus.

CHEMIN DE VIE 3

3

Le nombre 3 représente la vivacité d'esprit et la créativité. Il donne une énergie créative et un don pour la communication. Il représente également les réalisations en rapport avec l'imaginaire et tout ce qui sort de l'ordinaire. Ce nombre est celui des orateurs, des manageurs, des conférenciers et des personnes qui aiment prendre la parole.

- Les mots marquants : sens de la communication, variété, originalité et créativité.
- Les jours de chance : 3, 12, 21, 30.
- Les mois de chance : mars et décembre.

Si votre chemin de vie est le 3 : vous avez toutes les qualités pour réussir votre vie professionnelle. Vous devez avoir confiance en vous et en l'avenir. Vos chances se trouvent en vous et dans votre potentiel de communication, soyez-en sûr. Choisissez des professions dans lesquelles on communique beaucoup.

Vous aurez de la chance en vous lançant dans la création ou dans le domaine artistique. Les professions en rapport avec la voix, le chant, l'expression corporelle ou toute autre forme d'expression sont faites pour vous. Vous êtes doué pour cela et vous devez en prendre conscience. Un seul mot d'ordre, lâchez-vous totalement et laissez-vous guider par votre intuition. À vous les feux de la rampe et à vous le bonheur et la joie de partager plein de bonnes choses avec un public acquis à votre cause.

4 CHEMIN DE VIE 4

Le nombre 4 représente la stabilité et un esprit de réflexion. Il donne une énergie constructive et une grande force de réalisation. Ce nombre est celui du travail, des efforts qui sont récompensés. Il apporte des bases solides et stables dans toutes les professions.

- Les mots marquants : travail, organisation, efforts, stabilité et force.
- Les jours de chance : 4, 13, 22, 31.
- Les mois de chance : janvier et avril.

Si votre chemin de vie est le 4 : vous avez le sens de l'organisation, alors faites-en un atout majeur pour vous. Toutes les professions qui demandent un peu de rigueur, de sens du devoir et de confraternité seront les bienvenues pour vous. Vous avez également un don pour les chiffres, la comptabilité ou la gestion. À vous de voir !

Vous aurez de la chance en travaillant votre esprit de réflexion et de déduction. Certes, vous avez un côté un peu carré, mais cela ne vous empêchera pas de saisir la chance quand le moment se présentera à vous. Vous êtes le seul artisan de votre réussite sociale et professionnelle, alors ayez confiance en vous et allez au bout de vos ambitions. Pour finir, une partie de vos chances se trouvera dans les placements immobiliers.

5 CHEMIN DE VIE 5

Le nombre 5 représente un goût prononcé pour les voyages. Il donne une énergie fondée sur le changement, la mutation et l'ailleurs. C'est le nombre des personnes qui aiment bouger et qui ne tiennent pas en place. Il apporte déménagements fréquents et remises en question régulières.

- Les mots marquants : voyage, déplacement, mobilité, changement, mutation.
- Les jours de chance : 5, 14, 23.
- Les mois de chance : mars et mai.

Si votre chemin de vie est le 5 : l'indépendance est ce qu'il y a de plus précieux à vos yeux. Vous voulez être libre de déménager quand vous voulez. Vous êtes également adepte des mutations de région, voire de pays. Les métiers saisonniers vous vont bien car vous n'aimez pas la sédentarité.

Vous aurez de la chance si vous vous sentez libre comme l'air. Parfois peut-être en spéculant un peu mais en fait, très rarement. Votre chance se trouve ailleurs, par exemple dans des placements à l'étranger où vous pourrez voyager à votre guise. Côté sentimental, inutile de vous dire que vous n'êtes pas fait pour le mariage car vous auriez l'impression d'être prisonnier. Alors vivez votre vie à travers vos escapades, vos voyages lointains comme intérieurs et laissez-vous guider simplement par vos envies.

6 CHEMIN DE VIE 6

Le nombre 6 représente les sentiments profonds et l'harmonie. Il donne une grande énergie sur le plan sentimental. Ce nombre est celui des personnes sentimentales ou qui attachent une grande importance de façon générale aux sentiments. Il apporte la paix, la sérénité mais parfois aussi une certaine forme de retenue.

- Les mots marquants : amour, foyer, famille, choix, libre arbitre et hésitation.
- Les jours de chance : 6, 15, 24.
- Les mois de chance : avril et juin

Si votre chemin de vie est le 6 : vous avez un côté fleur bleue très prononcé et cela vous donne un charme fou, ce qui n'est pas pour vous déplaire. Vous avez également un certain sens des responsabilités, tout comme vous êtes un fin négociateur. Vous savez même gérer toutes sortes de conflits avec beaucoup d'efficacité.

Vous aurez de la chance sur le plan sentimental et dans les unions, qu'elles soient professionnelles ou amoureuses. Votre chance, vous pourrez également la tirer de tous les métiers en rapport avec le bien-être, mais seulement et uniquement si vous savez bien choisir vos partenaires professionnels. Les professions en rapport avec la gestion sont également faites pour vous.

Le nombre 6 donne une grande énergie sur le plan sentimental.

7 CHEMIN DE VIE 7

Le nombre 7 représente la spiritualité et l'intuition. Il est certain que le nombre 7 donne de la puissance et une forte énergie mentale. Ce nombre est donc celui des personnes en quête de spiritualité et de développement personnel. Il apporte une grande sagesse, une écoute hors norme et le besoin d'aider son prochain.

- Les mots marquants : réflexion, sens de l'analyse, retraite spirituelle et authenticité.
- Les jours de chance : 7, 16, 25.
- Les mois de chance : juillet et septembre.

Si votre chemin de vie est le 7 : vous êtes solitaire et vous aimez cela. Vous puisez votre force de cette façon et vous en tirez beaucoup d'avantages. Tout ce qui touche au matériel ou aux finances ne vous intéresse pas. Vous n'avez qu'un objectif : avancer spirituellement et trouver le bonheur loin de tout. Votre chance, vous la trouvez dans les actes d'amour que vous partagez avec les autres.

Vous aurez de la chance en partageant avec les autres votre goût pour la spiritualité et en vous ouvrant au monde. Les professions qui demandent beaucoup de réflexion ou d'intuition sont faites pour vous. Si vous développez la croyance dans la chance et les succès, alors tout vous sera permis. À vous de sentir les choses et de mettre votre intuition en éveil. N'hésitez pas également à faire une retraite spirituelle si vous en éprouvez le besoin, car cela vous fera le plus grand bien.

8 CHEMIN DE VIE 8

Le nombre 8 représente la détermination, l'ambition et le besoin de se réaliser. Il donne une énergie intense et concrète permettant d'aller jusqu'au bout de toutes sortes de projets. Le 8 couché représente également le signe de l'infini, et vous permet de mettre en place les choses dans le temps.

- Les mots marquants : puissance, accomplissement, justice, contrat et fiabilité.
- Les jours de chance : 8, 17, 26.
- Les mois de chance : août ou novembre.

Si votre chemin de vie est le 8 : de votre côté, l'accent est tout de suite mis sur le matériel, l'argent et les finances. Avec des qualités comme les vôtres, vous êtes capable de tout réussir si vous devez gérer un portefeuille de placement financier. Vous savez également gérer votre carrière de main de maître. Rien ne vous fait peur dans le domaine des affaires.

Vous aurez de la chance si vous décidez de créer votre commerce, monter des plans de financements ou si vous devez gérer un patrimoine. Vous l'avez bien compris, votre chance se trouve dans les professions en rapport avec les finances. L'argent et les placements trouveront auprès de vous une place de choix. Mais ce n'est pas tout : le 8 représente également la justice, donc les professions en rapport avec celle-ci peuvent constituer pour vous un bon plan de carrière.

9 CHEMIN DE VIE 9

Le nombre 9 représente l'altruisme et la compassion. Il donne une énergie allant vers le dévouement. Ce nombre est celui des personnes en quête d'un idéal absolu autant pour soi que pour les autres. Il peut également représenter l'étranger et les réalisations dans d'autres pays que le sien.

- Les mots marquants : service, passion, idéalisme, altruisme, l'universel, l'étranger.
- Les jours de chance : 9, 18, 27.
- Les mois de chance : septembre et octobre.

Si votre chemin de vie est le 9 : votre côté altruiste vous poussera inévitablement vers des professions en rapport avec le médical, le social ou l'humanitaire. Vous dégagez tellement de sérénité que les gens peuvent venir spontanément se confier à vous. Vous faites passer souvent le bien-être des autres avant le vôtre et vous en récoltez beaucoup de joie et de reconnaissance.

Vous aurez de la chance tout le temps que vous serez tourné vers les autres et vers l'humanitaire. La chance vous apportera l'opportunité de faire de très belles rencontres, tout comme elle vous apportera la possibilité de voyager et même de faire éventuellement le tour du monde. Mais vous pouvez très bien avoir autant de chance dans votre pays d'origine en travaillant dans le caritatif.

EN PRATIQUE

RITUEL
DE NUMÉROLOGIE

1. Fabriquez un soir de lune montante une plaque de 7 cm × 4 cm sur un support de plomb.

2. D'un côté de la plaque, gravez vous-même, avec un objet pointu (par exemple, un clou), une lune croissante en son centre.

3. De l'autre côté de la plaque, gravez la pleine lune en son centre.

4. Dans les quatre coins de la plaque, gravez quatre fois le nombre que vous avez choisi en rapport avec votre vœu de chance.

5. Choisissez le psaume de David ou l'extrait de l'Exode en début de ce livre (voir pages 20 à 37) qui vous semble le plus adapté à votre vœu. Récitez ou lisez à haute voix la prière que vous avez choisie.

6. Portez la plaque toujours sur vous jusqu'à la réalisation de votre vœu.

LES RUNES

Le terme « rune » vient de la racine en vieux norrois *rùn* et signifie « secret » et « mystère ». Des vingt-quatre runes de l'ancien alphabet d'origine germanique, chacune a un nom qui représente un objet, un animal ou encore une qualité.

Loin d'être un simple alphabet, les runes ont une force symbolique importante. Elles sont porteuses d'un enseignement qu'il faut savoir interpréter. L'ordre des runes n'est pas non plus dû au hasard, il représente une évolution dite « spirituelle ». Elles sont donc un véritable support divinatoire noble et spirituel.

Je vous propose maintenant de découvrir votre avenir sur le plan personnel, sentimental, ainsi que vos opportunités face à la chance grâce aux runes. Le principe est simple : vous devez tirer une seule rune. En effet, une rune peut vous en dire long sur votre avenir.

Pour ce faire, disposez les runes face cachée devant vous en arc de cercle, et tirez-en une. Si vous n'avez pas de jeu de runes sous la main, voici une autre solution pour pouvoir quand même tirer les runes. Pensez fortement à votre avenir et choisissez une lettre entre A et X inclus (sans faire de référence à des initiales). Vous venez d'établir votre tirage de rune ; référez-vous à ce tableau pour connaître votre avenir.

A	Fehu	G	Gebo	M	Eihwaz	S	Ehwaz
B	Uruz	H	Wunjo	N	Perth	T	Mannaz
C	Thurisaz	I	Hagalaz	O	Algiz	U	Laguz
D	Ansuz	J	Nauthiz	P	Sowilo	V	Inguz
E	Raido	K	Isa	Q	Teiwaz	W	Othalaz
F	Kenaz	L	Jera	R	Berkano	X	Dagaz

A : FEHU

Divinité : Freyr

Symbolisme

On associe la rune Fehu au feu, qui représente également le mouvement. Fehu marque un changement de situation, un nouveau départ. Elle est marquée par l'action que l'on met en œuvre pour arriver à ses fins. Sur le plan affectif, cette rune ne laisse aucun doute sur la stabilité d'un couple et annonce même le besoin de s'installer ensemble.

Sens divinatoire

Un peu comme le Bateleur dans le Tarot de Marseille, Fehu représente le début de quelque chose. La mise en place d'un nouveau travail ou l'apprentissage d'un nouveau métier. Côté chance, on peut dire que Fehu apportera la prospérité et une bonne santé.

Recommandation

Fehu vous permettra de mettre en œuvre votre potentiel énergétique. Elle vous donnera également les moyens de mettre à jour tout le potentiel que vous avez au plus profond de vous.

B : URUZ

Divinité : Thor

Symbolisme

On associe Uruz à la puissance de l'aurochs et du bison. Cette rune représente la force et la puissance. Elle vous donnera tous les atouts nécessaires pour réussir tout ce que vous entreprenez. Sur le plan affectif, il faut s'attendre à une relation très sensuelle et très charnelle.

Sens divinatoire

Uruz annonce une gestation ou une grossesse. Elle représente la naissance de quelque chose sur le plan professionnel ou le besoin de faire une pause pour bien mettre en valeur les éléments importants de votre projet. Côté chance, elle vous apportera un véritable équilibre entre le physique et le mental, vous permettant d'être au top pour parer à toute situation.

Recommandation
Uruz vous invite à travailler sur vous-même pour vous donner les atouts nécessaires pour avancer paisiblement dans la vie.

C : THURISAZ
Divinité : Thor

Symbolisme
On associe Thurisaz à un géant fort et puissant ou au marteau de Thor. Cette rune représente également certains dangers de la vie qu'il faut savoir regarder en face pour ne pas les sous-estimer. Sur le plan affectif, Thurisaz représente un couple qui avance dans la vie mais dont chaque membre conserve une certaine forme d'indépendance.

Sens divinatoire
Thurisaz marque une grande capacité à gérer les combats et les épreuves de la vie de tous les jours. Côté chance, cette rune décuplera les énergies positives.

Recommandation
Cette rune vous recommande de ne jamais baisser les bras et de toujours faire face à l'adversité. Ne renoncez jamais et mobilisez toutes les énergies en vous pour trouver une solution.

D : ANSUZ
Divinité : Odin

Symbolisme
On associe Ansuz à Odin « père de tout », premier dieu de la mythologie scandinave. Elle représente le verbe, la parole, la communication. Elle est également en lien étroit avec la connaissance et la sagesse. Elle marque aussi un événement négatif au départ qui se transforme en une véritable chance pour vous. Sur le plan affectif, elle recommande une meilleure communication dans le couple.

Sens divinatoire
Il est souvent question de magie à travers cette rune. En effet, elle marque des revirements de situation complètement inattendus. Ansuz, sur le plan de la chance, ouvrira des portes qui au départ semblaient impossibles à ouvrir.

Recommandation
Cette rune vous invite à croire en vous et en votre destinée car votre ange gardien ou votre bonne étoile seront toujours près de vous pour vous venir en aide.

E : RAIDO

Divinité : Nerthus

Symbolisme
On associe Raido à un chariot, une roue. Cette rune représente les voyages et les déplacements. Ces voyages peuvent être aussi bien intérieurs que physiques. Raido représente également l'énergie et le dynamisme. On associe également cette rune à la croissance et à la multiplication des biens. Sur le plan affectif, elle marque un renouveau que l'on n'attendait pas.

Sens divinatoire
Raido invite au voyage, au changement d'air, peut-être même à une mutation. Bref, c'est le moment de bouger et de voir du pays. Côté chance, elle vous sourira en prenant en main votre destin. S'il appelle au changement de ville, de région ou de pays, alors il faudra le faire.

Recommandation
Cette rune vous invite également au voyage intérieur et donc spirituel. Laissez-vous guider par vos inspirations du moment et ne cherchez rien de plus.

F : KENAZ

Divinité : Heimdall

Symbolisme
À l'inverse de la première rune, Fehu, qui représente le feu non maîtrisé, Kenaz est associée à une torche ou au feu maîtrisé. Elle marque aussi le mouvement, l'élan et la lumière qui se diffusent. Sur le plan affectif, elle annonce un coup de foudre. Mais attention, les coups de foudre ne sont souvent que des feux de paille.

Sens divinatoire
Kenaz représente les guérisseurs, les thérapeutes dans le domaine énergétique. Elle annonce souvent de belles rencontres sur le plan sentimental comme professionnel. Côté chance, elle vous sourira tant que vous serez dans de bonnes énergies en accord avec votre esprit.

Recommandation
Kenaz indique qu'il faut que vous soyez plus dans le concret. Pour cela, vous devez apprendre à vous ancrer et à canaliser vos énergies.

G : GEBO

Divinité : Gefn

Symbolisme
On associe Gebo à la rencontre de deux énergies. Cette rune marque les besoins d'échange, de compréhension et de soutien moral comme financier. Sur le plan affectif, elle représente l'union, la consolidation des sentiments et l'amour parfait.

Sens divinatoire
Gebo annonce une rencontre. Elle est donc très représentative des sentiments. Elle nous parle également de partage, d'association de personnes. Du côté de la chance, elle indique que tout passera justement soit par une union, soit par une association pour pouvoir s'épanouir.

Recommandation
Gebo attire l'attention sur le fait qu'il faut parfois utiliser son potentiel créatif en le partageant plus qu'en voulant absolument le réserver pour soi.

H : WUNJO

Divinité : Frigg

Symbolisme
On associe Wunjo à l'harmonie et à la compassion. Elle représente le déploiement des sentiments ou un accomplissement social. Sur le plan affectif, elle marque la fin d'une période de solitude ou de célibat. Wunjo chasse la tristesse pour laisser la place au bonheur affectif.

Sens divinatoire

Wunjo représente une famille heureuse et unie. Elle annonce l'arrivée dans votre vie d'une personne qui vous permettra de passer à un autre stade. Du côté de la chance, Wunjo apporte une réussite affective et la possibilité d'une belle association professionnelle.

Recommandation

Wunjo vous invite à mieux connaître les personnes de votre entourage, familial, affectif comme professionnel. Il est important de créer des liens durables à l'épreuve de tous les tracas de la vie de tous les jours.

I : HAGALAZ

Divinité : Urd

Symbolisme

On associe Hagalaz au grêlon. Ce grêlon a la faculté de détruire les cultures comme certaines habitations. Cette rune représente paradoxalement aussi bien la chute que la victoire. Pourquoi ? Tout simplement parce que le grêlon, qui est dur et cassant à la base, devient liquide et bénéfique. Sur le plan affectif, elle annonce très souvent des difficultés dans une relation, voire une rupture.

Sens divinatoire

Hagalaz, c'est vrai, ne semble pas très positive, mais ce n'est qu'une impression, car elle sait se transformer très rapidement en positif.

Recommandation

Hagalaz nous invite à ne pas forcer le destin et à laisser les choses se mettre en place naturellement, car avec le temps, elle transforme le négatif en positif.

J : NAUTHIZ

Divinité : Skuld

Symbolisme

On associe Nauthiz au sacrifice par le feu. Elle représente les crises, les épreuves et tout ce qui nous permet d'évoluer dans ces moments-là. Sur le plan affectif, elle marque les difficultés dans une relation ; elle est également synonyme de blocage ou de situation tendue.

Sens divinatoire

Nauthiz représente un chemin parsemé d'embûches. Elle annonce également des obstacles à surmonter et des soucis à gérer. Du côté de la chance, elle indique que ce n'est pas une période facile et qu'il faudra surmonter beaucoup d'épreuves avant que le ciel puisse s'éclaircir.

Recommandation

Nauthiz nous demande de faire un certain nombre de sacrifices pour voir la lumière au bout du tunnel. Elle indique qu'il faudra faire des sacrifices et lâcher prise pour retrouver un juste équilibre.

K : ISA

Divinité : Verdandi

Symbolisme

On associe Isa à la glace. Elle représente les dangers liés à l'hiver. Elle marque cette saison rude qui nous demande de nous recentrer sur nos propres énergies. Sur le plan affectif, il y a du froid dans l'air, les relations sont difficiles à gérer et le risque de séparation reste très présent.

Sens divinatoire

Isa demande de retrouver son indépendance vis-à-vis aux autres. Elle indique le besoin d'un vrai recentrage sur soi pendant toute cette période hivernale. Du côté de la chance, il est certain qu'il ne faudra compter que sur vous-même pour tirer les marrons du feu en cette période.

Recommandation

Isa vous demande de bien gérer vos énergies et de les mettre en œuvre pour vous permettre de faire face à toute situation. Comme vous ne pourrez compter que sur vous-même pendant toute cette période, il est primordial de reprendre confiance en vous.

L : JERA

Divinité : Freyr

Symbolisme

On associe Jera à la période des moissons et à l'été. Elle représente la récolte de tout ce que vous avez semé les mois précédents. Elle vous récompense pour tous les efforts que vous avez été capable de faire depuis le début de l'année. C'est une rune très positive ; elle représente également la réussite, le succès et le bonheur. Sur le plan affectif, elle annonce une union ou un mariage heureux, voire parfois une naissance.

Sens divinatoire

Jera est associée au dieu Freyr et à la déesse Freyja, des jumeaux ; ainsi, elle représente l'union entre la terre et le cosmos. Elle symbolise les efforts récompensés à juste titre. Du côté de la chance, c'est une bonne nouvelle, car elle va vous sourire et vous donner de l'élan pour entreprendre de grands projets.

Recommandation

Jera nous apprend qui faut toujours s'émerveiller de tout ce qui nous entoure, mais aussi de tout ce qui nous est donné par chance ou par un dur labeur.

M : EIHWAZ

Divinité : Vali

Symbolisme

Eihwaz est un symbole ambivalent ; cette rune est associée à l'arbre sacré, qui représente la vie comme la mort par la toxicité de son écorce, ses racines, ses feuilles, ses fruits et sa résine. Elle représente également tout ce qui est caché ou touche à l'occulte. Il s'en dégage un côté protecteur, elle peut donc vous prendre sous son aile et vous protéger. Sur le plan affectif, elle marque le changement et l'indécision.

Sens divinatoire

Eihwaz vous invite à vous remettre en question. Elle apportera son lot de retournements de situation, de mutations. Du côté de la chance, c'est peut-être le moment d'en profiter pour prendre une nouvelle direction un peu plus positive pour vous.

Conseil de sagesse

Eihwaz vous demande d'accepter de tout quitter si le besoin s'en fait sentir. Une autre voie s'ouvre devant vous sous la protection de cette rune.

N : PERTH

Divinité : Frigg

Symbolisme

On associe Perth au destin, au hasard ainsi qu'aux arts divinatoires. Elle représente également les pions ou les pièces d'un jeu de société, ou les pions que vous avancez sur votre chemin professionnel. Sur le plan affectif, cette rune est de bon augure et laisse présager qu'une personne vous déclarera sa flamme ou vous fera une proposition de mariage.

Sens divinatoire

Perth vous invite à mieux vous connaître pour mettre tous les atouts de votre côté avec l'objectif de vous assumer et de vous réaliser. Côté chance, utilisez tous les arts divinatoires pour vous aider dans votre quête.

Recommandation

Perth représente dans cette période un passage obligé. Celui de l'introspection. Vous ne pourrez pas passer à travers. Alors autant le faire rapidement.

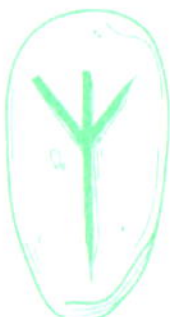

O : ALGIZ

Divinité : Heimdall

Symbolisme

On associe Algiz à un élan, cet animal du Nord, et plus particulièrement à ses cornes. Cette rune fait le lien avec Yggdrasil, l'Arbre de vie de la mythologie nordique. Elle représente une force protectrice. Algiz est aussi attachée aux Valkyries, des esprits protecteurs. Dans le combat, on utilisait fréquemment cette rune sur les boucliers, les massues et les lances comme talisman de protection ou pour s'assurer la victoire. Sur le plan affectif, elle annonce une meilleure communication et une stabilité.

Sens divinatoire

Algiz révèle la protection d'un ange gardien, d'une personne décédée ou d'un supérieur hiérarchique. Côté chance, vous êtes dans une période où vous savez vous entourer des bonnes personnes.

Recommandation
Avec Algiz, soyez à l'écoute de votre instinct et de vos intuitions, vous aurez tout à y gagner.

P : SOWILO

Divinité : Balder

Symbolisme
On associe Sowilo au Soleil mais aussi à la foudre. Elle représente la réussite, le bonheur et la prospérité. Sowilo aide au développement spirituel et procure la force de travailler sur soi. Elle représente aussi la lumière au bout du tunnel. Sur le plan affectif, tout va pour le mieux, le soleil brille au-dessus de votre tête comme dans votre cœur.

Sens divinatoire
Sowilo représente l'accomplissement, la victoire sur les éléments, une étape de franchie sans difficulté. Côté chance, tout vous réussit, vous êtes dans une période faste.

Recommandation
Sowilo vous demande de profiter de cette période faste pour mettre en place tous les projets qui vous tiennent à cœur.

Q : TEIWAZ

Divinité : Tyr

Symbolisme
On associe Teiwaz au dieu Tyr, dieu de la Guerre et de la Justice. Elle représente l'énergie que vous pouvez mettre dans la réalisation d'un projet. Elle vous donne la force pour aller de l'avant et vous engager, vous et vos responsabilités. Dans le temps, cette rune était utilisée pour obtenir la bénédiction et l'aide de Tyr pour gagner une bataille. Cette rune procure également l'endurance physique et mentale indispensables pour aller au bout de toutes sortes de compétitions. Sur le plan affectif, vous êtes dans une bonne période, tout vous réussit.

Sens divinatoire
Teiwaz représente la justice rendue en votre faveur. Elle indique que vous aurez gain de cause dans tous vos tracas de la vie de tous les jours. Elle vous apportera aussi l'équilibre dont vous avez besoin, quel que soit le domaine. Côté chance, elle souligne une période très équilibrée.

Recommandation
Teiwaz vous invite à la recherche de votre équilibre aussi bien psychique que physique. Vous devez également faire confiance à la justice si vous êtes en ce moment entre ses mains.

R : BERKANO

Divinité : Nerthus

Symbolisme
On associe Berkano au bouleau, cet arbre qui représente la déesse mère, qui incarne la maternité. Elle représente également les personnes qui méritent le respect car elles n'abandonnent jamais. Elles font preuve de courage et de détermination. Sur le plan affectif, Berkano marque de nouvelles rencontres.

Sens divinatoire
Berkano représente une grossesse, une naissance. Du côté de la chance, elle marque un renouveau positif qui permet de trouver une forme de stabilité.

Recommandation
Berkano nous apprend à accepter les cycles de vie. Il est important de bien prendre conscience que chaque chose a un début puis une fin.

S : EHWAZ

Divinité : Frey

Symbolisme
On associe Ehwaz au cheval. Elle représente les déplacements, la mobilité et le mouvement. Elle invite au voyage sous toutes ses formes. Sur le plan affectif, elle annonce de nouveaux projets à travers le couple. Elle stimule la relation pour lui faire vivre de nouvelles aventures.

Sens divinatoire
Ehwaz marque une certaine forme d'instabilité. Elle annonce un long voyage ou des petits déplacements. Du côté de la chance, elle vous invite à ne pas avoir peur d'être obligé de voyager pour aller la chercher.

Recommandation
Ehwaz vous pousse à réfléchir sur le fait que certaines formes de dualité sont parfois nécessaires pour trouver finalement son chemin et la bonne direction à prendre.

T : MANNAZ

Divinité : Frigg

Symbolisme
On associe Mannaz à l'humanité dans sa globalité. Elle représente l'entraide entre les personnes. Mannaz indique que des personnes vous viendront en aide si vous en exprimez le besoin. Sur le plan affectif, elle marque le début d'une nouvelle relation ou d'une nouvelle amitié.

Sens divinatoire
Mannaz vous représente vous et votre équilibre personnel. Elle représente également les êtres portés vers l'humanitaire et la compassion. Du côté de la chance, plus vous irez vers des valeurs de partage, plus la chance vous sourira.

Recommandation
Mannaz vous invite à tisser un réseau social plus important autour de vous. Vous devez être un peu plus à l'écoute de votre prochain.

U : LAGUZ

Divinité : Njörd

Symbolisme
On associe Laguz à l'eau sous toutes ses représentations, comme la mer, les lacs, les rivières. Elle représente l'énergie positive. Cette rune annonce que vous savez également correctement utiliser votre énergie. Sur le plan affectif, Laguz représente les relations instables et troubles.

Sens divinatoire
Laguz représente une évolution croissante. Il y a du changement, et dans le bon sens. Si vous avez des soucis de santé, cette rune annonce une guérison. Côté chance, elle vous demande de bien suivre vos inspirations car elles seront toujours bonnes pendant cette période.

Recommandation
Laguz vous pousse à vous dépasser, à mettre en éveil votre intuition et surtout à lui faire confiance. Vous devez prendre conscience que vous avez en vous un potentiel important. Il est temps de vous en rendre compte.

V : INGUZ

Divinité : Freyr

Symbolisme
On associe Inguz au dieu Yngvi, fils de Freyr. Freyr étant le dieu de la Fécondité, il représente la nature fertile. Cette rune, par association, représente la créativité, un nouveau projet, un nouveau départ vers des horizons très positifs. Sur le plan affectif, c'est la rune essentielle de l'amour, elle marque les rencontres et les unions.

Sens divinatoire
Inguz vous invite à structurer et à organiser les choses autour de vous pour pouvoir en tirer le meilleur. Du côté de la chance, elle marque la réalisation des projets et vous recommande toutes formes d'association ou d'union.

Recommandation
Inguz vous indique que vous êtes sur la bonne voie pour mettre en œuvre tous vos projets. Vous devez simplement y croire un peu plus et ne pas avoir peur de vous lancer.

W : OTHALAZ

Divinité : Freyr

Symbolisme
On associe Othalaz au patrimoine des ancêtres, à leur héritage. Cette rune représente la famille et un endroit où l'on peut se ressourcer pour trouver la sérénité. Elle met en avant les valeurs de

nos ancêtres et nous demande de continuer à les transmettre. Sur le plan affectif, elle annonce une union, une vie à deux pleine de partage.

Sens divinatoire
Othalaz annonce que vous allez découvrir de nouvelles choses sur votre famille ou vos ancêtres. Du côté de la chance, vous recevrez quelque chose qui vous est dû comme un héritage.

Recommandation
Othalaz vous recommande de tisser de façon encore plus importante les liens qui vous unissent à votre famille. Ces valeurs familiales seront essentielles à votre évolution et à votre équilibre.

X : DAGAZ

Divinité : Heimdall

Symbolisme
On associe Dagaz au jour de naissance. Elle représente la réalisation et l'accomplissement de toutes choses du lever du jour au coucher du soleil. Dagaz représente également la protection. Autrefois, on la retrouvait gravée sur les portes et les volets, les fenêtres des habitations pour empêcher les esprits négatifs d'y entrer. Sur le plan affectif, cette rune annonce une naissance dans le foyer.

Sens divinatoire
Dagaz représente la solution à un problème bien particulier. Elle marque également une prise de conscience importante permettant de régler des conflits de toutes sortes. Côté chance, elle annonce la fin des problèmes, laissant ainsi le champ libre à de nouveaux projets.

Recommandation
Dagaz vous demande de tirer tous les enseignements du passé sans jamais vous retourner. Le passé est derrière vous. Quoi qu'il arrive, vous ne pourrez jamais le changer.

EN PRATIQUE

LE SCEAU D'ALGIZ

Vous l'avez vu, dans le passé cette rune était utilisée au combat comme talisman de protection et pour s'assurer la victoire. Aujourd'hui, on l'emploie encore, mais sous forme de sceau, pour demander protection et chance. Pour réaliser ce sceau, c'est très simple : vous devez tout simplement recopier le dessin ci-dessous, qui représente un ensemble de huit runes Algiz en cercle.

1. Veillez à réaliser ce dessin un jeudi, jour de la planète Jupiter (planète de la chance). Reproduisez le motif ci-dessous sur un papier libre, une étoffe ou un morceau de cuir que vous allez porter par la suite sur vous.

2. En dessinant ce motif, vous devez demander à la divinité Heimdall, associée à cette rune, et aux Valkyries, esprits protecteurs, de vous venir en aide pour vous protéger et vous apporter la chance dont vous avez besoin.

Moi, je le dessine sur toutes les ceintures que je porte. Je place un sceau à chaque extrémité de la ceinture.

ASTROLOGIE

Cet art connu depuis la nuit des temps fournit un savoir et des informations intéressantes concernant les signes du zodiaque.

Savez-vous que chaque signe est régi par une planète que l'on appelle le « maître du signe » ? Cette planète colore et façonne la personnalité de chaque signe.

Mais ce n'est pas tout : sous chaque signe se cache une mine d'informations qui peuvent vous être utiles pour bien choisir, par exemple, le jour ou l'heure adéquate pour faire un vœu ou pour finaliser une affaire.

Je vais d'abord vous donner, dans les pages qui suivent, les caractéristiques de potentiel de chance pour le plan personnel, professionnel et financier.

Nous verrons, dans un second temps, quel est le potentiel de séduction des douze signes, car il ne faut pas oublier, dans tout cela, la chance en amour !

Sous chacun des douze signes du zodiaque, régi par une planète, se cache une mine d'informations qui peuvent vous être utiles pour bien choisir, par exemple, le jour ou l'heure adéquate pour faire un vœu ou pour finaliser une affaire.

BÉLIER

1er décan : du 21 mars au 30 mars • 2e décan : du 31 mars au 9 avril •
3e décan : du 10 avril au 20 avril

Planète	Métaux	Couleurs	Pierres
Mars	Fer, acier	Vermillon, safran	Rubis, améthyste

Parfum	Qualités	Points forts
Myrthe	Courage, franchise, esprit fonceur	Rapidité, force, vivacité d'esprit

Le meilleur jour de la semaine : mardi
Le meilleur jour du mois : 9
La meilleure heure : 16 heures ou 18 heures
Les meilleurs numéros : 4 - 8 - 9 - 13 - 18 - 27
La meilleure date : mardi 9
Le meilleur ticket de jeu : se terminant par 9

TAUREAU

1er décan : du 21 avril au 29 avril • 2e décan : du 30 avril au 9 mai •
3e décan : du 10 mai au 21 mai

Planète	Métal	Couleurs	Pierres
Vénus	Cuivre	Tous les verts, rose indien	Émeraude, aigue marine

Parfum	Qualités	Points forts
Musc	Patience, témérité	Endurance, robustesse

Le meilleur jour de la semaine : vendredi
Le meilleur jour du mois : 6
La meilleure heure : 18 heures
Les meilleurs numéros : 2 - 6 - 7 - 12 - 14 -18 - 21
La meilleure date : vendredi 6
Le meilleur ticket de jeu : se terminant par 6

GÉMEAUX

1er décan : du 22 mai au 31 mai • 2e décan : du 1er juin au 10 juin •
3e décan : du 11 juin au 21 juin

Planète	Métal	Couleurs	Pierres
Mercure	Mercure	Multicolore, chinée	Opale, béryl, jaspe, turquoise

Parfums	Fleur	Qualités	Points forts
Citron vert, lilas	Muguet	Assimilation, compréhension facile	Souplesse, délicatesse

Le meilleur jour de la semaine : mercredi
Le meilleur jour du mois : 5
La meilleure heure : 15 heures
Les meilleurs numéros : 1 - 3 - 5 - 6 - 8 - 10 - 15 - 20
La meilleure date : mercredi 5
Le meilleur ticket de jeu : se terminant par 5

CANCER

1er décan : du 22 juin au 1er juillet • 2e décan : du 2 juillet au 12 juillet • 3e décan : du 13 juillet au 22 juillet

Planète Lune	**Métal** Argent	**Couleurs** Blanc, argent, gris perle	**Pierres** Pierre de lune, opale, perle fine
Parfum Eau de fleur d'oranger	**Fleur** Pavot	**Qualités** Sensibilité, sensualité	**Points forts** Assimilation, compréhension

Le meilleur jour de la semaine : lundi
Le meilleur jour du mois : 8
La meilleure heure : 16 heures

Les meilleurs numéros : 1 - 7 - 8 - 14 - 16 - 21 - 26
La meilleure date : lundi 8
Le meilleur ticket de jeu : se terminant par 8

LION

1er décan : du 23 juillet au 2 août • 2e décan : du 3 août au 13 août • 3e décan : du 14 août au 23 août

Planète Soleil	**Métal** Or	**Couleurs** Jaune d'or, orange	**Pierres** Topaze, diamant

Parfums Ambre, encens, chypre	**Qualités** Organisation, goût du faste	**Points forts** Orgueil, autoritarisme, séduction

Le meilleur jour de la semaine : dimanche
Le meilleur jour du mois : 1
La meilleure heure : 18 heures

Les meilleurs numéros : 1 - 2 - 8 - 9 - 16 - 18 - 24
La meilleure date : dimanche 1
Le meilleur ticket de jeu : se terminant par 1

VIERGE

1er décan : du 24 août au 3 septembre • 2e décan : du 4 septembre au 12 septembre • 3e décan : du 13 septembre au 23 septembre

Planète Mercure	**Métaux** Bronze, aluminium	**Couleurs** Beige, gris	**Pierres** Agate, malachite, jaspe

Parfum Lavande	**Qualités** Ordre, serviabilité, organisation	**Points forts** Sens de la logique, de la méthode et des affaires

Le meilleur jour de la semaine : mercredi
Le meilleur jour du mois : 5
La meilleure heure : 15 heures

Les meilleurs numéros : 2 - 3 - 5 - 7 - 8 - 10 - 15 - 20
La meilleure date : mercredi 5
Le meilleur ticket de jeu : se terminant par 5

BALANCE

1er décan : du 24 septembre au 3 octobre • 2e décan : du 4 octobre au 13 octobre • 3e décan : du 14 octobre au 23 octobre

Planète	Métaux	Couleurs	Pierres
Vénus	Cuivre, platine	Pastel	Saphir, corail

Parfum	Qualités	Points forts
Jasmin	Sociabilité, organisation	Sens de l'harmonie, goût du travail bien fait

Le meilleur jour de la semaine : vendredi
Le meilleur jour du mois : 6
La meilleure heure : minuit

Les meilleurs numéros : 2 - 3 - 4 - 6 -12 - 15 - 18
La meilleure date : vendredi 6
Le meilleur ticket de jeu : se terminant par 6

SCORPION

1er décan : du 24 octobre au 2 novembre • 2e décan : du 3 novembre au 12 novembre • 3e décan : du 13 novembre au 22 novembre

Planètes	Métal	Couleurs	Pierres
Mars, Pluton	Fer	Rouge, gris fer, grenat	Hématite, grenat, rubis

Parfums	Qualités	Points forts
Santal, patchouli	Ténacité, endurance	Solidité, sensualité

Le meilleur jour de la semaine : mardi
Le meilleur jour du mois : 9
La meilleure heure : 18 heures

Les meilleurs numéros : 3 - 4 - 6 - 8 - 13 - 16 - 18
La meilleure date : mardi 9
Le meilleur ticket de jeu : se terminant par 9

SAGITTAIRE

1er décan : du 23 novembre au 2 décembre • 2e décan : du 2 décembre au 12 décembre • 3e décan : du 13 décembre au 21 décembre

Planète	Métal	Couleurs	Pierres
Jupiter	Étain	Bleu nuit, violet, rouge profond	Grenat, saphir

Parfums	Qualités	Points forts
Bergamote, cédrat	Bonté, générosité, altruisme	Optimisme, sens du devoir

Le meilleur jour de la semaine : jeudi
Le meilleur jour du mois : 3
La meilleure heure : minuit

Les meilleurs numéros : 1 - 2 - 3 - 4 - 6 - 12 - 21 - 24
La meilleure date : jeudi 3
Le meilleur ticket de jeu : se terminant par 3

CAPRICORNE

1er décan : du 22 décembre au 31 décembre • 2e décan : du 1er janvier au 10 janvier • 3e décan : du 11 janvier au 20 janvier

Planète	Métal	Couleurs	Pierres
Saturne	Plomb	Noir, blanc, rouge	Onyx, jais

Parfum	Qualités	Points forts
Terre mouillée	Persévérance, endurance	Durée, sens des affaires

Le meilleur jour de la semaine : samedi
Le meilleur jour du mois : 8
La meilleure heure : minuit

Les meilleurs numéros : 1 - 2 - 7 - 8 - 14 - 16 - 21
La meilleure date : samedi 8
Le meilleur ticket de jeu : se terminant par 8

VERSEAU

1er décan : du 21 janvier au 30 janvier • 2e décan : du 31 janvier au 9 février • 3e décan : du 10 février au 18 février

Planètes	Métaux	Couleurs	Pierres
Uranus, Saturne	Uranium, chrome	Violet, bleu cobalt	Aigue marine, cristal, améthyste

Parfum	Qualités	Points forts
Vétiver	Altruisme, générosité	Originalité, sens de la communication développé

Le meilleur jour de la semaine : samedi
Le meilleur jour du mois : 1
La meilleure heure : 21 heures

Les meilleurs numéros : 1 - 3 - 4 - 7 - 9 - 12 - 13 - 27
La meilleure date : samedi 1
Le meilleur ticket de jeu : se terminant par 1

POISSONS

1er décan : du 19 février au 1er mars • 2e décan : du 2 mars au 11 mars • 3e décan : du 12 mars au 20 mars

Planètes	Métal	Couleur	Pierres
Neptune, Jupiter	Zinc	Bleu	Saphir, aigue marine

Parfum	Qualités	Points forts
Ylang-ylang	Dévouement, intuition	Mystère, chance

Le meilleur jour de la semaine : jeudi
Le meilleur jour du mois : 5
La meilleure heure : minuit

Les meilleurs numéros : 1 - 2 - 4 - 5 - 6 - 12 - 21 - 24
La meilleure date : jeudi 5
Le meilleur ticket de jeu : se terminant par 5

EN PRATIQUE

LE RITUEL

DES JEUX DE HASARD PAR L'ASTROLOGIE

1. Confectionnez ou achetez une petite boîte de l'une des couleurs correspondant à votre signe (cette boîte doit pouvoir recevoir un bulletin de jeu bien à plat au fond).

2. Choisissez vos chiffres et cochez les cases du bulletin de jeu, puis posez votre bulletin au fond de la boîte.

3. Déposez quatre pièces de 2 euros aux quatre coins du billet.

4. Déposez ensuite quatre petites pierres en correspondance avec votre signe zodiacal sur les pièces de 2 euros.

5. Déposez un bâton de cannelle ou des fleurs de jasmin, au choix, au centre de votre bulletin.

6. Fermez la boîte, faites une prière de votre choix parmi les psaumes de David ou les extraits de l'Exode au début de ce livre (voir pages 20 à 37) et demandez aux forces de l'Univers que votre rituel se réalise et vous apporte bonheur, argent et prospérité.

7. Déposez votre boîte dans un endroit à l'abri des regards.

LA CHANCE EN AMOUR EN ASTROLOGIE

Nous savons tous que la séduction comporte ses codes et ses repères. Mais parfois, cela n'est pas suffisant pour séduire l'être aimé. Alors, pour mettre toutes les chances de votre côté, je vous propose de faire connaissance avec les douze signes du zodiaque du point de vue de la séduction.

Les caractéristiques qui suivent vous permettront de mieux vous familiariser avec le zodiaque. Vous allez également découvrir les planètes qui régissent les signes, et cela vous en dira plus sur le caractère du signe que vous voulez séduire. La définition de ce que le signe représente vous aidera aussi à mieux cerner son comportement dans la vie de tous les jours comme dans sa vie amoureuse. Tout cela vous révélera tout ce que vous pouvez attendre ou pas de lui.

Pour finir, lisez bien ce qu'il faut faire pour séduire votre partenaire. Ces quelques mots vous seront très précieux dans l'approche d'une éventuelle relation amoureuse.

BÉLIER (21 MARS-20 AVRIL)

Le Bélier, premier signe de feu du zodiaque, incarne l'éveil de la nature, la force vitale et la sève qui montent dans les plantes.

- Le Bélier symbolise : le début du printemps, le matin, le commencement, la jeunesse, les chefs, les efforts, le combat et l'armée.
- En amour il représente : l'impulsivité, l'enthousiasme, l'ardeur, l'énergie, l'emballement et souvent le goût de la compétition.
- Toujours courageux et combatif, le Bélier frise parfois l'audace et même la témérité.
- Son élément, le feu, communique beaucoup de chaleur et de générosité mais peut aussi parfois le pousser dans des colères excessives.
- Comportement amoureux : il aime les coups de cœur ou les coups de foudre. Chaleureux, il recherche souvent la passion pour vivre heureux.
- Pour le séduire, vous devez tout faire pour qu'il ne s'ennuie pas. Donnez-lui l'impression de le laisser vous conquérir sans jamais tomber dans ses griffes.

TAUREAU (21 AVRIL-21 MAI)

Le Taureau, premier signe de terre du zodiaque, incarne le processus de croissance, les premières pousses qui sortent de la terre encore endormie.

- Le Taureau symbolise : le milieu du printemps, les ressources financières, les nourritures raffinées, les terrains et leurs constructions, les champs et la beauté de la nature et de l'architecture.
- En amour il représente : la stabilité, le réalisme, l'action, la volonté et un petit côté matérialiste.
- Son élément, la terre, lui donne un côté très résistant et persistant, ce qui a tendance à le rendre un peu trop souvent entêté.
- Comportement amoureux : il aime la sexualité, c'est un être physique. Il a tendance à avoir un comportement jaloux et possessif. Mais quand il aime vraiment, il est capable de tout pour construire un foyer solide.
- Pour le séduire, vous devez lui apporter un intérieur chaleureux. Entourez-le de choses solides et transmettez-lui un maximum d'amour et de tendresse.

GÉMEAUX (22 MAI-21 JUIN)

Les Gémeaux, premier signe d'air du zodiaque, incarnent la période de fécondation, les premières abeilles fécondant les fleurs et le pollen transporté par le vent.

- Les Gémeaux symbolisent : la fin du printemps, l'ensemble de la vie intellectuelle, les échanges, le commerce, le courrier, la poste et tous les moyens de communication.
- En amour ils représentent : l'intelligence, la souplesse, la mobilité, l'adaptation. Il a souvent besoin des autres et peut s'intéresser à mille choses à la fois.
- Son élément, l'air, apporte à sa personnalité de la logique, de l'habileté et un profond besoin d'avoir de nombreux échanges intellectuels.
- Comportement amoureux : très cérébral, il recherche souvent la stabilité chez l'autre. Pas très fidèle, il aime jouer avec le feu et pense qu'il a juste à claquer des doigts pour faire revenir l'être aimé.
- Pour le séduire, vous devez le rassurer régulièrement mais surtout sans l'étouffer. Partagé entre le besoin de preuves affectives et la peur des sentiments, vous devrez jouer serrer.

CANCER (22 JUIN-22 JUILLET)

Le Cancer, premier signe d'eau du zodiaque, incarne le solstice d'été, la saison où la terre est prodigue de tous ses fruits, cette époque où le fruit donne le meilleur de lui-même.

- Le Cancer symbolise : le début de l'été, l'eau, les récoltes, la maternité, l'allaitement, la famille natale, les parents, les foules, le domicile et le patrimoine familial.
- En amour il représente : la gestation, la sensibilité, l'imagination, la fécondité et de grandes possibilités créatives.
- Son élément, l'eau, lui apporte un côté un peu rêveur, et peut à certains moments le projeter dans des changements d'humeur spectaculaires.
- Comportement amoureux : il recherche toujours une protection, paternelle ou maternelle. Quand il est enfin posé, il fait absolument tout pour le bien-être de sa famille.
- Pour le séduire, vous devrez absolument le rassurer et lui donner un petit nid douillet. Communiquez avec lui sur son besoin d'échange et de tendresse et il sera comblé.

LION (23 JUILLET-23 AOÛT)

Le Lion, deuxième signe de feu du zodiaque, incarne la belle saison, celle des plus beaux jours de l'année.

- Le Lion symbolise : le milieu de l'été, l'amour, les enfants, l'éducation, la création artistique, l'ensemble du monde de l'art, la lumière, la pureté, l'or et les spéculations.
- En amour il représente : la domination, l'égocentrisme, mais également la bonté, la chaleur et la générosité.
- Comportement amoureux : très exigeant et très difficile en amour, il demande beaucoup, voire énormément. Mais il peut être spectaculaire et passionné. Idéaliste et loyal, il est capable de sacrifices importants pour sa famille.
- Son élément, le feu, lui communique une aptitude affective toujours importante, ouvrant sur la passion et enracinant fortement son attachement aux enfants.

- Pour le séduire, vous devrez ne pas trahir son sens de la loyauté. Donnez-lui le sentiment de le traiter comme un roi et il vous le rendra bien.

VIERGE (24 AOÛT-23 SEPTEMBRE)

La Vierge, deuxième signe de terre du zodiaque, incarne la période de reprise du travail, celles des moissons et des récoltes.

- La Vierge symbolise : la fin de l'été, le travail, les servitudes, le calcul, la mécanique, la chimie, la pharmacie, les appareils de mesure, le service de santé, l'hygiène, la diététique et le monde du travail.
- En amour elle représente : l'organisation, la sélection, la rigueur et un certain goût pour le rangement, le classement et l'ordre.
- Son élément, la terre, lui communique un grand sens de l'analyse, il observe avant d'agir et de puiser dans ses réserves.
- Comportement amoureux : son côté méfiant lui donne peur de communiquer. Il peut être très sensible au besoin de l'être aimé. Mais il faudra lui donner du temps car il a plus besoin d'être rassuré que de vivre une passion.
- Pour le séduire, vous devrez faire le point avec lui sur ce qui est utile et ce qui ne l'est pas. Donnez-lui un confort rassurant, il vous en sera éternellement reconnaissant.

BALANCE (24 SEPTEMBRE-23 OCTOBRE)

La Balance, deuxième signe d'air du zodiaque, incarne la conscience du proche sommeil de la nature qui fait naître l'inquiétude et la sagesse.

- La Balance symbolise : le début de l'automne, l'ensemble de la vie en société, les accords, les associations, les associés, les alliés ou les ennemis, les contrats, les procès, les arts, le public et les mondanités.
- En amour elle représente : le charme, la séduction, la grâce, l'élégance, la gentillesse et un sens de l'esthétique souvent très proche de l'artistique.
- Son élément, l'air, lui apporte un côté très harmonieux et très diplomate. Le goût de plaire et d'être séduit le conduira à être très sensible aux ambiances.
- Comportement amoureux : il recherche l'harmonie et la paix. Il n'aime

pas les relations en demi-mesures. Et il a surtout besoin d'être valorisé dans sa relation.
- Pour le séduire, vous devrez lui apporter du calme, donc jamais de situations conflictuelles. Donnez-lui la possibilité de partager beaucoup de choses avec vous et il sera très heureux.

SCORPION (24 OCTOBRE-22 NOVEMBRE)

Le Scorpion, deuxième signe d'eau du zodiaque, incarne les couleurs de l'automne, la chute des feuilles, la nature qui se calme.

- Le Scorpion symbolise : le milieu de l'automne, la sexualité, les métamorphoses, la régénération, la détection, la recherche, la révolte et l'intuition.
- En amour il représente : le magnétisme, la sexualité, le mystère, l'intuition et un comportement extrémiste.
- Son élément, l'eau, lui accorde un côté fascinant et hermétique qui a tendance à le rendre un peu mystérieux.
- Comportement amoureux : il aime la sensualité et la sexualité. Ses amours sont toujours marqués par la passion, la destruction, le drame. Ses amours sont donc loin d'être de tout repos. Pour finir, il recherche souvent les rapports de force.
- Pour le séduire, vous devrez accepter son côté fatigant mais passionnant. Donnez-lui l'impression que vous avez absolument besoin de lui et il sera adorable.

SAGITTAIRE (23 NOVEMBRE-21 DÉCEMBRE)

Le Sagittaire, troisième signe de feu du zodiaque, incarne la dernière phase d'un cycle automnal avec les jours qui raccourcissent très vite.

- Le Sagittaire symbolise : la fin de l'automne, les pays étrangers, les questions légales, l'enseignement supérieur, l'idéalisme, la philosophie, la religion, la prophétie et le clergé.
- En amour il représente : la bonté, la logique, la diffusion, l'expansion, la générosité et un grand sens de la synthèse qui l'aidera très souvent.
- Son élément, le feu, lui donne un côté respectueux des traditions et de la légalité, il pourra avoir de sérieuses dispositions pour l'enseignement.

- Comportement amoureux : il est rapide et impulsif. Adepte du mariage, cela ne le dérange pas de se marier plusieurs fois. Idéaliste et un peu naïf, il peut même avoir souvent une vie très agitée. Et surtout, il n'aime pas se sentir emprisonné.
- Pour le séduire, vous devrez respecter son besoin d'espace et son éternelle envie de prendre l'air. Donnez-lui l'impression de ne pas étouffer en lui faisant faire du sport.

CAPRICORNE (22 DÉCEMBRE-20 JANVIER)

Le Capricorne, troisième signe de terre du zodiaque, incarne la transition entre l'automne et l'hiver, période où le froid arrive.

- Le Capricorne symbolise : le début de l'hiver, les montagnes, les sommets, l'hiver, le froid, la solitude, le célibat, les obstacles, les terrains, l'immobilier, les personnes âgées, l'expérience, la science, l'érudition, les bibliothèques, la sagesse, l'administration et le pouvoir.
- En amour il représente : la persévérance, la solitude, la maturité et la vieillesse ; il se sentira donc complètement épanoui après la trentaine.
- Son élément, la terre, lui donne un côté réservé et très froid, mais il n'en est rien : sous sa carapace se cache un vrai sentimental.
- Comportement amoureux : il peut être un vrai don Juan ou, à l'opposé, un grand solitaire. Mais il a toujours du mal à extérioriser ses sentiments. Il faut également que ce soit lui qui dirige et contrôle la situation.
- Pour le séduire, vous devrez faire attention à ne pas blesser son orgueil. Donnez-lui la possibilité de dévoiler sa vraie nature, il deviendra complètement extraverti.

VERSEAU (21 JANVIER-18 FÉVRIER)

Le Verseau, troisième signe d'air dans le zodiaque, incarne l'hiver, le froid, la neige, la nature en sommeil et les animaux qui hibernent.

- Le Verseau symbolise : le milieu de l'hiver, l'infini, l'amitié, l'altruisme, l'avenir, les inventions, les innovations, le progrès, les sociétés internationales ou à but humanitaire, les coopératives, l'imprévu, l'électricité, les ondes, le rythme et l'aviation.

- En amour il représente : la communication, l'altruisme, la générosité, le désintéressement et le détachement.
- Son élément, l'air, lui procure une grande curiosité, qui le force continuellement à être tourné vers les autres.
- Comportement amoureux : il analyse en permanence les sentiments. Il est certainement le signe le moins possessif en amour, et il est adepte de l'amour-amitié. Anticonformiste, il aime bien l'idée d'union libre, avec tout ce que cela représente.
- Pour le séduire, vous devrez être pour lui comme son ami. Donnez-lui toujours l'impression de le suivre dans ses délires, il vous en sera reconnaissant.

POISSONS (19 FÉVRIER-20 MARS)

Les Poissons, troisième signe d'eau du zodiaque, incarnent à la fois la fin de l'hiver et la dernière étape du cycle annuel.

- Les Poissons symbolisent la conscience depuis ses origines et jusqu'à la fin. À partir de ce postulat, il sera très difficile pour ce signe de se situer et de trouver son équilibre affectif.
- En amour ils représentent : le dévouement, l'intuition, la fusion, la dissolution, l'émotion, la sensibilité et un petit côté ambivalent.
- Son élément, l'eau, lui donne le goût du sacrifice, le besoin d'aider et d'écouter les autres.
- Comportement amoureux : collectionneur dans l'âme ou romantique à souhait, il y a le choix. Vulnérable, le Poissons peut être infidèle par peur. Il peut être très séduisant et un redoutable prédateur.
- Pour le séduire, vous devrez être très, très patient. Vous devrez surtout lui donner l'impression qu'il est devenu indispensable pour vous et tout ira pour le mieux.

9

ATTIRER LA CHANCE ET LE SUCCÈS

L'influence des couleurs dans la vie quotidienne

ACTIONS DES COULEURS SUR VOTRE CORPS

Les couleurs exercent également une forte influence sur notre comportement et notre santé.

Rouge

- Organes : organes sexuels et système musculaire.
- Actions : augmente la vitalité, donne de l'énergie, éveille la violence, la colère mais aussi la sensualité. Excite et donne de l'activité psychique.
- Utilisation : la couleur rouge est utilisée en thérapie contre des maladies comme la rougeole, la variole, l'eczéma.

Orange

- Organes : rate et système circulatoire.
- Actions : dynamise l'organisme, active les processus vitaux, stimule l'appétit. Incite à la consommation, à l'achat.
- Utilisation : la couleur orange favorise l'équilibre du corps et de l'esprit, et rend optimiste.

Jaune
- Organes : cerveau et système nerveux, système lymphatique.
- Actions : stimule le cerveau et l'esprit. Incite à la lecture et à la réflexion. Facilite la compréhension et accroît la tonicité neuromusculaire.
- Utilisation : la couleur jaune stimule les lymphatiques et apporte une action favorable contre la mélancolie, la dépression et la fatigue mentale.

Vert
- Organes : système digestif, estomac et foie.
- Actions : favorise la croissance et le développement. Prépare au sommeil.
- Utilisation : la couleur verte aide à l'hypnose. Elle repose et diminue les tensions.

Bleu et indigo
- Organes : système respiratoire et poumons.
- Actions : calment et relaxent. Ils développent le sens musical.
- Utilisation : la couleur bleue favorise la méditation et l'éveil de l'intuition. Elle fait également descendre la tension nerveuse.

Violet
- Organe : système glandulaire.
- Actions : puissante protection, favorise l'ascétisme. Éloigne la haine et la colère.
- Utilisation : la couleur violette calme les angoisses, la peur et le stress.

INFLUENCE DES COULEURS SUR VOTRE COMPORTEMENT

- Rouge : sexualité, énergie.
- Orange : sensualité, guérison.
- Rose : tendresse, amour heureux.
- Vert clair : espoir, générosité.
- Vert foncé : repos, intuition.
- Bleu clair : protection, quiétude.

- Bleu foncé : angoisse, solitude.
- Violet clair : introspection, sérénité.
- Violet foncé : isolement, tristesse.
- Jaune clair : esprit éveillé, bonheur.
- Jaune foncé : esprit embrouillé, tension.
- Blanc : pureté, spiritualité.
- Noir : tristesse, besoin de repos.

LES BOUGIES ET LES COULEURS

Voici maintenant une façon toute simple d'utiliser des bougies pour déclencher la chance. En effet, selon certaines traditions, vous pouvez brûler chez vous des bougies de couleur pour qu'elles vous apportent leurs vertus. Mais attention, n'oubliez jamais de faire un vœu en même temps que vous faites brûler votre bougie. Voici les différentes bougies à utiliser selon ce que vous recherchez.

La bougie blanche
Apporte la pureté, la sincérité et la vérité. On utilise cette couleur principalement pour une recherche de purification, car elle représente la spiritualité au sens noble du terme. Si vous avez besoin de vous purifier, alors vous devez utiliser cette couleur.

La bougie jaune
Apporte la gloire, la force de la pensée et accélère la guérison. On utilise cette couleur dans tous les processus de soins. Cette couleur représente souvent l'intellect et les pensées positives. Elle joue un rôle important dans le processus de guérison. Si vous avez des soucis de santé, elle viendra en complément de votre traitement.

La bougie bleue
Apporte la protection, favorise la chance et la force. On utilise cette couleur pour se protéger car elle représente la couleur du manteau de la Vierge Marie. Vous vous trouverez donc directement sous sa protection. Si vous cherchez à être protégé dans vos démarches, elle vous apporte son soutien.

La bougie verte
Apporte l'argent et la réussite. On utilise cette couleur principalement dans les affaires financières, car elle représente la couleur du dollar. Si vous utilisez une bougie de cette couleur, vous visez en priorité une rentrée d'argent.

La bougie orange
Apporte la chance et la popularité. On utilise en priorité cette couleur pour attirer le monde à soi. Si vous avez un besoin de reconnaissance professionnelle, cette couleur est faite pour vous. À savoir qu'elle aide souvent les artistes à devenir célèbres.

La bougie rose
Apporte l'amour, la tendresse, l'affection. On utilise principalement cette couleur pour tout ce qui touche les histoires sentimentales. Si vous voulez avoir de la chance en amour, vous devez absolument utiliser cette couleur.

La bougie violette
Favorise toutes les démarches. On utilise principalement cette couleur pour tous types de transactions. Si vous voulez avoir de la chance dans votre business, vous devez faire appel aux forces de cette couleur. Le violet représente également la protection (couleur des améthystes).

La bougie grise
Stoppe et neutralise le mal. On utilise toujours cette couleur comme un bouclier contre les forces du mal. Si vous avez l'impression que l'on vous jalouse ou que l'on vous calomnie, vous devez utiliser cette couleur pour stopper toutes les actions négatives contre vous.

La bougie rouge
Favorise la passion, la sexualité et la vigueur. On utilise principalement cette couleur pour réveiller une libido endormie ou pour mettre en éveil sa sensualité. Si vous voulez redonner un second souffle à votre couple, vous devez utiliser cette couleur.

Maintenant que vous avez choisi la bougie qui va correspondre le mieux à l'action que vous voulez mettre en place, voici le moyen le plus simple et le plus efficace pour programmer votre bougie et activer votre rituel.

EN PRATIQUE

COMMENT
PROGRAMMER SA BOUGIE

1. Lavez-vous bien les mains à l'eau froide (sans savon).

2. Nettoyez votre bougie avec un chiffon et de l'eau de Floride (Agua de Florida), puis séchez-la bien.

3. Allumez votre bougie et si possible un bâton d'encens et faites le vide en vous.

4. Posez votre bougie sur une table devant vous, en prenant soin de vous placer le dos au nord pour bénéficier de ses énergies.

5. Imposez vos deux mains à peu près à 20 centimètres au-dessus de votre bougie, et faites une prière qui vous permettra d'entrer en communion avec le monde spirituel. Cette prière sera celle de votre choix, mais dans cette prière vous demanderez que l'on vous vienne en aide pour charger votre bougie (vous pouvez également utiliser un psaume de David ou un extrait d'Exode de votre choix, voir pages 20 à 37).

6. Laissez la bougie et l'encens se consumer intégralement.

Attention, ne laissez pas la bougie sans surveillance. Vous ne devez prendre aucun risque car la consumation de la bougie va prendre un certain temps.

10

ATTIRER LA CHANCE ET LE SUCCÈS

Les encens et les talismans

UTILISER DES ENCENS

Au début de ce livre, je vous ai parlé de certaines plantes pour purifier et nettoyer votre habitation des ondes négatives. Sachez que beaucoup de plantes et de résines se trouvent également sous forme d'encens.

Vous pouvez les utiliser de façon différente, soit pour créer une atmosphère, soit pour faire un vœu. La liste des encens qui va suivre sera plutôt utilisée dans le but d'obtenir de la chance ou du succès dans le domaine que vous aurez défini au préalable.

- Ail : apporte la puissance.
- Amande : apporte la facilité dans le travail mental.
- Angélique : protège des envoûtements.
- Aubépine : apporte la protection de la famille et favorise le mariage.
- Avoine : apporte la force, la protection, la vitalité et la prospérité matérielle.
- Bergamote : attire l'argent.
- Bruyère : apporte la protection de la famille et des enfants.

- Céleri : apporte la protection, la sagesse et la purification.
- Chèvrefeuille : apporte la protection sociale et les bonnes relations avec les banques.
- Chicorée : apporte la force, le courage et écarte les ennemis.
- Concombre : aide à lutter contre la stérilité.
- Coriandre : apporte le courage et la puissance.
- Damania : aide les passions amoureuses.
- Érable : apporte la richesse et un emploi.
- Fenouil : attire l'argent.
- Fougère : apporte la gloire et la renommée.
- Genévrier : apporte la chance, la protection et l'inspiration.
- Gingembre : apporte la vitalité sexuelle, la force et la puissance.
- Jacinthe : apporte l'élévation sociale.
- Jasmin : apporte le développement des facultés psychiques et attire l'amour.
- Menthe : apaise le système nerveux.
- Moutarde : éloigne les ennemis.
- Peuplier : tonifie le système nerveux.
- Patience : apporte la prospérité et attire l'argent.
- Pissenlit : attire l'argent et la chance sur le plan matériel.
- Pommier : apporte la paix, la chance et l'harmonie.
- Quinquina : apporte la protection des lieux.
- Safran : apporte la paix, la chance, la richesse.
- Salsepareille : apporte l'élévation sociale et un emploi.
- Sarriette : apporte la protection, la guérison et la longévité.
- Sésame : engendre des vibrations positives.
- Trèfle : purifie et éloigne les épreuves.
- Verveine : apporte la créativité artistique.
- Vétiver : apporte la puissance sexuelle.

Ces encens seront plutôt utilisés dans le but d'obtenir de la chance ou du succès dans un domaine prédéfini.

LES TALISMANS

Comment ne pas parler de la chance liée aux talismans dans ce livre ? Nous avons tous entendu parler un jour ou l'autre des pouvoirs magiques des talismans et des merveilles qu'ils sont capables de réaliser. Le mot talisman est un dérivé du verbe grec *teleo*, qui signifie « accomplir quelque chose » ou encore « mettre en pratique ».

Pratiquement toutes les religions dans l'histoire ont proposé de tous temps de petits objets chargés de puissance aux formes variées, voire sous forme de parchemin. Ces talismans détiennent selon les croyances des pouvoirs allant de la guérison à la protection et au déclenchement de la chance.

Mais attention, comme le dit Yves Gaël, spécialiste talismanique : « Tous les talismans n'ont de vertu et d'efficacité qu'à la condition d'être en parfaite correspondance avec la personne qui les porte, quel que soit le genre de talisman. »

Comme pour tout ce qui a été présenté dans ce livre, vous devez dans un premier temps croire dans les pouvoirs de votre talisman. Deuxièmement, vous devez le consacrer pour lui donner encore plus de puissance et surtout le rendre unique et personnel.

Avant de vous proposer un talisman à choisir et le consacrer spécialement pour vous, voici les exemples de talisman que l'on trouve le plus fréquemment :

- Le pentacle de Mars : il sert à invoquer les esprits de Mars pour triompher dans les discordes.
- Le pentacle de Vénus : il sert à invoquer les esprits de Vénus pour attirer la chance dans votre vie sentimentale.
- Le pentacle de Saturne : il sert à invoquer les esprits de Saturne pour lutter contre les ennemis ou la jalousie.
- Le pentacle de Jupiter : il sert à invoquer les esprits de Jupiter pour contrer toutes sortes de dangers.
- Le pentacle de la Lune : il sert à invoquer les esprits de la Lune pour lutter contre la malédiction.
- Le pentacle du Soleil : il sert à invoquer les esprits du Soleil pour tout réussir dans la vie et trouver également le succès.

- Le pentacle Agrippa : il sert à tous ceux qui étudient pour réussir leurs examens.
- Le pentacle du pentagramme et du sceau de Salomon : ce pentacle préserve contre le mal et contre toutes sortes d'attaques maléfiques.

Tous ces talismans, vous pouvez les trouver dans le commerce la plupart du temps sous forme de médaille ou de parchemin. Vous allez trouver ci-dessous quatre talismans que vous pourrez photocopier. Une fois votre talisman choisi et reproduit, vous devez le découper puis réaliser le petit rituel magique en page ci-contre.

Talisman pour trouver la fortune et le succès

Talisman pour trouver la chance en amour

Talisman pour demander la guérison

Talisman pour trouver les clés de la chance

EN PRATIQUE

RITUEL MAGIQUE POUR

CONSACRER VOTRE TALISMAN

1. Placez le talisman sur une table devant vous. Mettez-vous le dos au nord.

2. Inscrivez votre date de naissance au dos du talisman.

3. Apposez votre signature sous la date de naissance.

4. À l'aide d'un tampon encreur, apposez l'empreinte de votre majeur sur la signature.

5. Choisissez le psaume de David ou l'extrait de l'Exode au début de ce livre (voir pages 20 à 37) qui vous semble le plus adapté à votre vœu.

6. Récitez ou lisez à haute voix la prière que vous avez choisie et terminez en demandent la réalisation de votre vœu aux forces de l'Univers.

7. Mettez votre talisman dans votre portefeuille et sortez-le de temps en temps pour vous en imprégner.

Épilogue

QUAND LA CHANCE A DÉCIDÉ D'ÊTRE DE VOTRE CÔTÉ

Pour conclure, la vie est faite de surprises, et si j'ai bien un conseil à vous donner, c'est de ne jamais baisser les bras, même quand tout vous semble perdu. Les histoires qui suivent sont réelles, certaines connues, d'autres beaucoup moins. Ce qu'elles nous enseignent ? Gardez la foi, car il y a parfois dans la vie des surprises très agréables qui vous attendent.

QUAND LA MALADRESSE CHANGE LA DONNE

Dans les années 1980, la marque de vêtements féminins Naf Naf démarre sa carrière quand les frères Pariente cherchent à relancer la mode avec une combinaison légère pour l'été. Ils demandent à une employée de la maison de laver le vêtement, fraîchement sorti de production, avant de l'essayer le lendemain sur un mannequin.

Catastrophe, l'employée se trompe de programme et la combinaison ressort de la machine totalement froissée, comme un vulgaire paquet de chiffon. Pour rigoler et en désespoir de cause, les patrons enfilent la combinaison sur un mannequin. Et là, c'est un moment de grâce ou de magie, mais la combinaison donne un effet inespéré. Les frères Pariente décident de mettre cette combinaison telle quelle sur le marché. Elle sera vendue à plus de 3 millions d'exemplaires et deviendra un best-seller de la marque.

QUAND ON TRANSFORME UNE CATASTROPHE EN ÉVÉNEMENT POSITIF

C'est le 12 août 1965 que Serge Lama, pas encore star, est gravement accidenté. À ses côtés, dans la voiture conduite par Jean-Claude Ghrenassia, le régisseur de la tournée et frère d'Enricos Macias, il y a Liliane Benelli, la fiancée de Serge. Le chauffeur et la jeune femme sont tués sur le coup.

Son ami Marcel Gobineau le recueille alors chez lui pour sa convalescence. Pendant des années et après avoir frôlé la mort, cet homme va forger Serge et lui donner le courage de devenir un artiste avec un grand « A ». Serge Lama lui devra tout, sa résurrection comme son succès.

C'est d'ailleurs pour cela que, quelques années plus tard, en 1974, lors de son tout premier Olympia, Serge chantera, en hommage, une chanson créée rien que pour lui. Mais cette chanson si personnelle, intime, confidentielle, « Mon ami, mon maître », va toucher le public au-delà de ses espérances et devenir l'un des plus grands classiques de son répertoire, avec « Je suis malade ».

QUAND RIEN N'EST JAMAIS PERDU

En 1981, un ancien musicien de Gilbert Montagné sort un disque. Il s'agit de Thierry Pastor et de son titre « Le Coup de folie ». Seulement, le succès n'est pas au rendez-vous ; c'est d'ailleurs une telle catastrophe que sa maison de disques, Flarenasch, décide de reprendre les invendus des disquaires et de les faire pilonner. Mais, surprise ! Quelques jours après ce pilonnage, les émissions de radio décident enfin de passer le titre, qui devient en quelques jours un succès incontestable. Bilan : la maison de disques doit faire fabriquer en catastrophe des milliers de disques pour répondre à la demande très importante. Résultat, « Le Coup de folie » restera comme un des tubes des années 1980.

QUAND UNE ERREUR OUVRE SUR UNE CARRIÈRE INTERNATIONALE

Nous sommes en septembre 1976 quand l'ex-batteur du groupe Kongas, Marc Cerrone, sort son premier disque en solo, *Love in C minor*. À cette époque, le titre éponyme du disque, de plus de 16 minutes, ne trouve pas sa place sur les radios ni dans les clubs. Cerrone est obligé de s'autoproduire, car aucune maison de disques française ne veut de son titre.

Quand soudain, le destin va tourner en sa faveur. À la même époque, Cerrone est importateur de disques en provenance des États-Unis. Un commerce qui fonctionne plutôt bien ; pourtant, les employés doivent parfois renvoyer des cartons entiers de disques invendus d'artistes américains.

Un jour, l'employé chargé de renvoyer un carton de disques aux États-Unis se trompe et envoie un carton de *Love in C minor*. Le DJ qui réceptionne le colis de disques outre-Atlantique trouve cela intéressant et joue le titre en soirée. Quelques mois plus tard, 5 millions de disques vendus, et un Grammy Award en 1977 !

Je souhaite que toutes ces belles histoires vous permettent de relativiser avant de baisser les bras. Sachez persister sans abandonner, forcer le destin. N'oubliez jamais que votre première intuition peut vous être très utile.

J'espère que cette fois, vous ne lâcherez plus, que vous allez suivre mes conseils et surtout ce que vous dictera votre cœur.

Que toutes ces belles histoires vous permettent de relativiser avant de baisser les bras. Sachez persister sans abandonner, forcer le destin. N'oubliez jamais que votre première intuition peut vous être très utile.

Conclusion

C'est avec le plus grand plaisir que j'ai passé des mois à écrire ce livre, et j'espère de tout cœur qu'il se trouvera en bonne place dans votre bibliothèque ou sur votre table de chevet. Ce livre ne se lit pas comme un roman, vous pouvez piocher dans un chapitre au moment qui vous semblera le plus approprié ou selon les différents événements qui jalonneront le cours de votre vie.

Vous pourrez vous y référer par exemple pour le choix d'un encens, d'une pierre ou encore d'une technique de libération des ondes négatives. Le but étant qu'il vous serve plusieurs fois dans votre vie et qu'il vous accompagne pour trouver finalement la voie de la chance et du succès qui est la vôtre.

Si vous suivez un bon nombre des révélations présentes dans ce livre, je vous assure que vous serez à même de réaliser des choses que vous ne pensiez même pas possibles de faire.

Je vous souhaite beaucoup de bonheur dans votre nouvelle vie.

Jean-Didier

Bibliographie

Développez vos pouvoirs de guérison, Jean-Didier, aux éditions Bussière.

Comment tirer le Tarot de Marseille, Jean-Didier, aux éditions Bussière.

Le Pouvoir magique des pierres et des cristaux, Jean-Didier, aux éditions Le Lotus et l'Éléphant.

Révélez vos facultés psychiques et énergétiques , Jean-Didier, aux éditions Leduc.éso.

Les psaumes de David et de l'Exode sont tirés de la Bible de Louis Segond, 1910.

Pour contacter Jean-Didier :
contact@jean-didier.com
www.jean-didier.com

Achevé d'imprimer en février 2022